골프에서 경영 전략을 배우다

골프를 치는 사장들은 왜 경영을 잘할까?

골프에서 경영 전략을 배우다

골프를 치는 사장들은 왜 경영을 잘할까?

펴낸날	초판 1쇄 2020년 12월 15일
지은이	이국섭
펴낸이	서용순
펴낸곳	이지출판
출판등록	1997년 9월 10일 제300-2005-156호
주소	03131 서울시 종로구 율곡로6길 36 월드오피스텔 903호
대표전화	02-743-7661 팩스 02-743-7621
이메일	easy7661@naver.com
디자인	박성현
인쇄	네오프린텍(주)

ⓒ 2020 이국섭

값 15,000원

ISBN 979-11-5555-148-6 03320

이 도서의 국립중앙도서관 출판시도서목록(CIP)은 e-CIP홈페이지(http://www.nl.go.kr/ecip)와 국가자료 공동목록시스템(http://www.nl.go.kr/kolisnet)에서 이용하실 수 있습니다. (CIP제어번호: CIP2020051471)

골프에서 경영 전략을 배우다

골프를 치는 사장들은 왜 경영을 잘할까?

이국섭 지음

이지출판

■ 이 책은 골프와 경영에서 의사 결정과 다양한 전략을 구사해야 하는 공통점이 정말 많다는 것을 느끼게 해 준다. 특히 "골퍼는 필드 위에서 스스로 적절한 공격과 방어를 선택해야 하고, 경영자는 모든 의사 결정의 최종적인 선택을 한다"는 내용이 가슴에 와 닿았다. 50년지기 친구의 세 번째 책 출간을 진심으로 축하한다. **– 김기현** 영호엔지니어링 대표이사

■ 마치 필드에서 경영학을 배우는 듯한 책이다. 책을 덮는 순간 골프를 치러 가기 전날과 같은 설렘이 느껴졌다. 혼돈의 시대 경영 환경의 변화가 극심한 지금, 나 자신의 경영 방식과 골프에 대해 돌아보게 하는 좋은 책이다. 독자들도 이 책을 통해 다양한 경영의 길을 찾길 바란다. 후배 이국섭 사장은 우리 경복의 자랑이다. **– 김민식** 경복고등학교 동창회장

■ 창의성의 핵심 요소 중 하나인 융합과의 연결은 통찰력을 갖추었을 때 비로소 가능하다고 본다. 겉으로 보이는 것과 보이지 않는 이면과 속성을 꿰뚫어 볼 때 새로운 가능성을 발견하듯이, 저자는 골프의 원리들을 경영에 접목하여 공통점을 발견하고 경영에 쉽게 적용할 수 있도록 훌륭한 가이드 역할을 하고 있다.

– 서규훈 경희대학교 경영대학원 화랑대오프캠퍼스 주임교수

■ 대중스포츠인 골프를 통해 기업 경영의 다양한 시사점을 제공해 주는 이 책은 '골프학과 경영학'의 융합적 산물로 학문적 또는 실무적으로 높이 평가할 만하다. 저자는 골프 티칭프로자격과 중소기업 경영자로서 그리고 경영학 전공자로서 기업 경영자, 전문 경영진, 예비 창업 준비자들에게 조금이나마 도움이 되고자 하는 데 출간의 의미를 두었기에 모든 분들께 일독을 권한다.

– 왕일웅 (주)굿프랜즈 경영총괄전무

■ 경영자는 거시적인 것도 봐야 하고 미시적인 것도 놓칠 수 없는 영역이다. 멀리 보는 망원경도 필요하고, 세밀하게 볼 수 있는 현미경도 필요하다. 리더라면 모름지기 골프도 경영도 멀리 보면서도 가까이 보는 시야의 변화를 지닐 수 있는 동기 부여가 되어 새삼 칭찬을 보내고 싶다. 드라이버는 큰 방향을 결정할 때 사용하고, 아이언은 중간 점검 및 실천을 할 때, 그리고 퍼터는 정교하고 세밀한 결정을 할 때 쓰듯이, 경영에서도 필요한 전략과 전술을 어떻게 활용할지를 알려주는 지혜로움이 보이는 책이라 일독을 권한다.

– 박용흠 경희대학교 경영대학원 특전사오프캠퍼스 주임교수

■ 지금껏 해 오던 골프라는 운동과 기업 경영을 살펴보고 다르면서도 같은 골프와 경영을 되짚어 본 저자의 글에 담긴 지혜가 번쩍 눈을 뜨게 한다. 골프는 물론이고 기업 경영에 도움이 되는 저자의 글을 읽다 보면 무릎을 치게 될 것이다. 일반인들도 골프와 경제 경영을 전공하는 학생들에게도 일독을 권하고 싶은 책이다. **– 조명래** (주)아이로보테크 회장

■ 많은 사장들은 골프를 친다. 그러면서 휴식과 사색을 한다. 이국섭 작가는 20년 이상 사업을 하며 오랜 시간 동안 골프를 쳐왔다. 그러면서 골프와 경영이 결국 하나라는 것을 발견하고 이 책을 집필하게 되었다. 사업하는 사람들이 알아야 할 내용이 있다. 바로 이것이다. '지피지기, 버티는 힘, 기본, 유비무환, 외로움, 복기, 아내, 사람, 경험, 조직 관리, 절제, 벤치마킹, 리스크 관리, 타켓 고객, 진정성, 역지사지, 기여.' 이 모든 단어들은 경영의 핵에 해당되는 것들이다. 모두 이 책에서 다루고 있는 내용들로 저자가 골프를 치면서 건져올린 경영의 통찰이다. 사업하는 사람, 경영 전공자, 직장인으로서 골프를 좋아하는 사람이라면 이 책의 일독을 권한다. 분명 경영과 인생에 있어 새로운 시각을 갖게 되어 또 다른 삶을 살아갈 힘을 얻게 될 것이다.

– 이상민 작가, 이상민책쓰기연구소 대표

골프에서 경영 전략을 배우다
골프를 치는 사장들은 왜 경영을 잘할까?

■ 골프를 통해 터득한 경영에 필요한 지혜를 알려주어 좋았다. 골프에서의 전략적 요소들에 대한 다양한 이론을 다시 한번 돌아보는 시간이었다. 새삼 '골프와 경영' 두 영역에 있어 유사성이 많음에 놀라면서, 주변 지인들에게 자연스럽게 골프를 권할 수 있는 이유를 알려주는 것 같아 감사의 변과 일독을 권한다.

— 이한면 정우식품 대표이사

■ 길에는 초행길, 알고 가는 길, 미리 준비하고 가는 길, 미지의 신세계를 음미하며 가는 길, 여러 가지 길이 있을 것이다. 공통된 목적은 어디든 도착하기 위함이다. 경영도 마찬가지다. 준비된 사업, 어쩔 수 없이 해야 하는 사업, 오랜 숙원사업 등 모두 성공과 성취를 이루는 것이다. 작가가 삶의 경험을 통해 담아내고자 했던 이야기보따리 안에 이 모든 경우의 수와 전문적인 지식의 조화로운 하모니를 적절하게 서술해 나가는 내비게이션 같은 책이다. 이 사회에서 어느 정도 나이와 지위에 있는 사람이라면 누구든 접하게 되는 경영과 골프를 조화롭게 접목시킨 경험치의 이야기들. 욕심이라면 좀 더 준비된 젊은 친구들이 많이 읽고 골프도 잘하고 경영도 앞서가는 미래를 설계하는 데 도움이 되었으면 한다. **— 유성수** UEM Sunrise Sdn Bhd. Almas JMB (Malaysia) 대표

골프와 경영의 함수관계

골프와 경영에서 가장 중요한 것은 무엇일까?

흔히 골프는 집중력과 평상심을 유지하는 자기와의 싸움이라고 한다. 끊임없는 자기 수양만이 골프에서의 성공을 보장한다는 것이다.

경영도 마찬가지다. 나는 23년간 작은 기업을 경영해 오면서 자신과의 승부에서 나름 작은 승리를 얻었다고 생각할 때도 있다.

이렇듯 골프와 경영은 자기와의 승부에서 성공이 결정되는 것을 본다면, 그 상관관계에 대해 새롭게 조명해 보는 것도 좋지 않을까 싶다.

나는 가끔 이런 상상을 하곤 한다.

한때 세계가 인정한 골프 천재 타이거 우즈가 경영인으로 변신한다면 아마존의 제프 베조스 혹은 페이스북의 마크 저커버그처럼, 아니면 애플의 스티브 잡스처럼 세계적인 탁월한 경영자로 성공할 수 있었을까?

우리나라로 범위를 좁혀, 미국 LPGA여자프로골프협회 투어에서 아니카 소렌스탐과 어깨를 견주었던 박세리, 올림픽까지 제패한 박인비 선수도 사업에 있어 최고경영자로서 훌륭한 자질을 갖추고 있을까?

경영 능력을 측정하는 것은 쉬운 일이 아니다. 단순히 기업의 성공과 경영자의 능력이 정비례로 연동되는 것은 아닐 것이다. 그렇지만 성공한 기업 경영인이라면 경영에 필요한 통찰력과 유연한 사고, 기업가 정신 등은 기본으로 갖추고 있다고 볼 수 있다. 따라서 골프를 잘 치는 세계적인 선수들이라면 경영에 필요한 근성과 자질을 가지고 있을 가능성은 매우 높다.

필자도 27년간 골프를 쳤다. 골프를 정말 좋아하고, 나의 아들도 투어 생활을 하는 프로 선수여서 골프에 대해 나름의 개념을 갖고 있는 수준은 된다고 하겠다.

골프는 정말 다이내믹한 운동이다. 사업을 운영하는 것처럼 다양한 변수와 위기를 극복하는 과정이 경영과 유사하다는 것을 많이 느끼곤 한다

미국의 경영 전문 잡지 《전략과 비즈니스》 최근호에 데이비드 허스트 경영 컨설턴트의 기고문을 보면, 그는 골프와 경영은 밀접한 함수관계가 있으며 골프를 잘 치는 사람이 경영도 잘할 수 있다고 진단했다. 그리고 골프 전문지의 조사 결과를 소개했다.

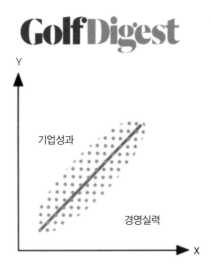

《골프 다이제스트》는 미국 주요 대기업 최고경영자CEO들의 골프 핸디캡을 조사한 다음 골프 실력이 기업 경영 성과와 어떤 상관관계가 있는지를 전문가에게 의뢰해 분석했는데, 그 결과 과거 3년간 주주들에게 최대 이익을 안겨 준 기업은 바로 최저 핸디캡을 갖고 있는 최고경영자에 의해 주도된다는 것이었다.

이 결과가 발표되자 "뛰어난 실적을 올린 경영자들은 젊었을 때부터 캐디로 일하면서 골프 기술을 연마하기라도 했다는 것인가?"라는 질문에서부터 "타고난 경영자는 타고난 운동선수인가?"라는 등 많은 의문이 제기되었다.

이에 대해 데이비드 허스트는 골프를 통해 얼마든지 경영의 지혜와 전략적 요소를 체득할 수 있으며 유사성이 많다고 평가했다.

우선 게임 스코어를 향상시키기 위한 골프 선수의 노력프로세스은 경영 성과를 개선하고자 노력하는 경영자의 노력과 시스템적으로 동일하다는 것이다.

골프는 몇 단계에 걸친 정확한 스윙 동작을 통해 공을 목표 지점으로 날리는 운동으로, 신체의 복잡한 구조가 시스템적으로 작동하는 과정이 기업의 경영 프로세스와 비슷하다는 얘기다.

골프는 전략적 사고방식을 키워 준다. 무턱대고 스윙을 하고 공이 제대로 날아가기를 바랄 수는 없다. 공을 때리기에 앞서 몇 번 클럽으로 어느 방향을 향해 날릴 것인지를 항상 염두에 두어야 한다.

골프를 통해 여러 가지 시나리오를 심사숙고하게 되며, 상황에 따라 전략을 수정하기도 한다. 골프에서 전략의 문제는 주변 환경이나 경쟁 상황과 분리해서 생각할 수 없다. 또한 자기 실력을 벗어나 과욕을 부리면, 슬라이스가 나거나 벙커에 빠지는 등 무리수가 가해지게 마련이다. 이는 경영에 있어서도 똑같은 교훈을 준다.

라운드 중에 코스를 공략하기 위해 자신의 장기인 비거리의 구현을 염두에 둘지, 온 그린 상태에서 퍼팅의 집중을 주 공략 전략으로 할지를 정한다. 이렇듯 사업을 추진함에 있어서도 기업 환경 상의 위치를 파악하여 기업이 갖고 있는 장점을 처음부터 강력하게 추진할지, 시장 환경에 따라 조심스럽게 접근할지를 결정하는 것이 같은 이치가 아닐까 싶다.

나폴레옹과 타이거 우즈 두 황제의 사례에서 보듯 오늘의 불행은 잘못 보낸 시간에 대한 보복이요 과거의 누적은 현재이므로, 곧 현재는 미래임을 알 수 있다.

왕관의 무게를 이겨내야 탈이 없듯 고귀함에는 책임과 의무가 있다. 노블레스 오블리주의 감동과 명예, 영예, 부를 얻고 싶다면 그에 맞는 준비와 행동을 해야 한다.

위기에 봉착했다고 어려워하거나 슬퍼할 필요는 없듯이 진실된 해석은 변화와의 만남이다. 시대 정신을 갖고 4차 산업시대에 맞게 변화하고 성장해야 한다. 물 들어올 때 노 젓듯 기회로 여기고 맞서 나갈 때 삶은 가치가 있는 것이다.

훌륭한 골퍼의 조건은 감사, 존중, 겸손이다. 즐길 수 있는 것에 감사하고, 전통과 가치를 존중하고, 성공은 기품 있게, 패배는 우아하게 해야 한다. 이것은 곧 훌륭한 인생, 경영, 리더의 조건이기도 하다.

골퍼도 경영자도 골프 홀은 108mm, 야구공은 108 매듭이듯 백팔번뇌의 정신으로 수많은 축복과 수난이 교차함을 인정하고 무한추구의 마인드로 끊임없는 개척과 변화의 리더십을 갖고 나아가야 성공할 수 있다.

타이거 우즈는 미국 PGA투어 피닉스 대회에서 800kg의 바위 앞에 떨어진 공을 어떻게 처리할까 고민하다가, 바위를 치울 수 있다는 생각으로 갤러리들에게 요청하여 옆으로 치우고 레이업 해 타수를 잃지 않고 그린으로 샷을 할 수 있었다.

세계 여자 골프 시장을 제패한 김미현, 장정, 신지애 같은 선수는 단신의 핸디캡을 독자적인 오버스윙, 페어웨이 우드 활용, 정교한 쇼트 게임으로 극복하였다.

골프에서 같은 상황의 반복은 없듯이 예측불허의 불확실한 상황을 무한한 도전정신으로 헤쳐나가야 할 것이며, 역경 속에 진정한 실력이 발휘된다. 《해리 포터》 시리즈를 지은 조앤 롤링은 정부의 도움으로 근근이 살아가다가 작은 카페에서 세계적 베스트셀러를 완성하였고, 베테랑 배우 윤여정은 "돈이 필요할 때 연기가 잘 된다"고 했다.

강요된 혁신 코로나19로 소유의 시대에서 공유의 시대로, 비대면 사회로 빠르게 변하고 있다. 천부적 조건을 갖춘 미셸 위보다 부족한 조건을 극복한 단신 선수가 더욱 훌륭한 선수가 될 수 있었던 것은 간절함과 절실함이다. 고통 없이 얻는 건 없다. 어려움을 인내하고 도전하고 이겨내어 좋은 시절을 만들어 내야 한다. 비즈니스는 실패를 먹고 사는 것이니까!

필자는 27년간 골프를 하였고, 실력은 USGTF United States Golf Teachers Federation 티칭프로 자격을 갖고 있다. 필자의 인생에서 골프는 아주 중요한 친구 같은 존재다. 골프는 내 인생에 많은 가르침을 주었고 깨달아 알게 했다.

결국 모든 출발은 나로부터 시작하는 거다. 외부로부터 강력한 바람이 불어와도 자기 내면으로부터 시작하는 내성을 기른다면 어떤 어려움도 이겨내고 극복할 수 있다.

이 책은 '골프를 잘 친다고 경영을 잘해서 성공할 것이다'라는 이야기가 아니다. 현장에서 필요한 경영 이론과 경험, 골프 라운드를 하면서 그냥 지나치기 쉬운 여러 상황들을 살펴서 현장에서 찾아낸 답을 풀어 놓았다.

원고를 쓰고 나면 항상 부족하고 아쉬운 부분이 많이 남지만 보완만이 능사가 아니라고 판단하여 작은 마침표를 찍는다.

Chapter 02 위기에서 빛나는 리더십

Chapter 03 인재 관리

Chapter 04 조직 관리

Chapter 05 마케팅 관리

골프에서 경영 전략을 배우다

Chapter 01

경영 전략

대개의 골퍼들은 골프를 플레이하는 것만 알고 있지

코스를 플레이하는 것은 잊고 있다.

- 토미 아머

코스 파악은 좋은 스코어의 출발점
경영 전략과의 동질감

골프를 즐기는 우리는 대부분 아마추어들이다. 그렇지만 필드에서는 아마추어라도 대충 하지 않는다. 사실 골프 코스는 티샷 비거리가 부족한 골퍼들에게는 어려운 형태로 조성되어 있다. 그래서 티샷의 목표 공략 지점에 보다 정밀하게 접근하지 않으면, 온 그린을 시켜야 하는 목표는 멀어진다.

단순히 그린이나 페어웨이에 안착시키는 것만으로는 충분하지 않다. 일반적으로 비거리가 부족한 경우 티샷 때 샷에 대한 코스 공략 계획을 세우지 않는다면 부족한 비거리를 만회할 길은 절대 있을 수 없다. 즉 샷에 대한 계획이 없다면 정확성은 떨어질 수밖에 없기 때문이다.

골프 코스 공략은 무엇보다 자신이 치는 공의 구질과 비거리를 잘 알아야 한다. 오늘의 라운드를 공격적으로 플레이할지, 혹은 안정적으로 플레이할지에 대한 전략이 필요하다.

다만 이러한 선택 이전에 자신의 구질과 비거리를 잘 알고 있어야 한다. 그래야 티샷에서 목표 지점에 대해 좌측을 공략할지 우측을 공략할지 중앙을 공략할지를 정할 수 있다. 그리고 자신의 비거리를 알아야 공의 랜딩 위치에 어떤 위험 요소가 있는지 확인할 수가 있다.

코스 구성이 파 3홀인 경우에는 티샷 전에 일단 그린에 공을 올린다는 생각으로 가볍게 시작하는 것이 좋다. 즉 공략 목표 설정을 핀보다는 그린 중앙으로 하라는 것이다. 다만 벙커가 앞쪽에 있고 핀이 벙커 뒤쪽에 있는 경우에는 벙커를 피해 좌 혹은 우를 공략하는 것이 안전하다. 그러나 핀 뒤쪽에 벙커가 있다면 신경쓰지 말고 직접 공략하는 것이 낫다. 하지만 이 경우에는 좀 짧게 공략하는 것이 좋다.

파 4홀 구성이라면 세컨드 샷을 하기 좋은 위치까지 티샷을 잘 보내는 것에 집중해야 한다. 이때 자신의 구질이 드로우라면 페어웨이 오른쪽을 공략하는 것이 좋다. 만일 구질이 페이드라면 페어웨이 왼쪽을 공략할 것을 권하고, 스트레이트성 구질이라면 페어웨이 중앙을 공략하는 것이 안전하다.

다만 코스를 분석했을 때 자신의 비거리를 감안하여 공의 낙하 지점을 추정해 보는 것은 반드시 필요하다. 이유는 공의 낙하 지점이 비거리 궤도에 벙커가 있거나 혹은 해저드로 인해 위험할 경우에는 어떻게 공략할지 고민해 봐야 한다. 무리하게 벙커 혹은 해저드를 넘기겠다는 과욕은 금물이다.

세컨드 샷 거리에 대한 여유를 갖고 조금 더 남아도 상관없다는 심정으로 본인의 비거리를 보다 짧게 끊어서 가는 전략도 좋은 방법이다. 티샷을 꼭 드라이버로만 공략할 필요는 없다는 것을 잊지 말자. 파 4홀, 파 5홀이라고 해서 욕심을 내어 꼭 드라이버로 티샷을 해야만 하는 것은 아니다.

파 5홀의 경우 보통 2온으로 공략하려는 욕심이 앞서곤 한다. 3온을 하더라도 무리한 2온보다 월등히 좋은 결과를 얻는 것을 보았다. 무리한 2온보다는 안전한 3온이 훨씬 좋은 공략 방법임을 알아야 한다.

이 모든 경우에서 공통적으로 필요한 부분은, 어프로치 단계를 위해 핀 위치가 앞쪽인지 뒤쪽인지, 아니면 중앙인지를 확인하는 습관이다. 또 그린을 오버하는 샷 구사보다는 약간 모자란 듯한 샷이 다음 샷을 위하여 좋은 상황을 만들 수 있기에 약간 짧게 하는 습관을 갖도록 하자.

27년 골프 구력에서 이와 같은 코스 공략에 대한 친근한 접근 전략을 통해 알게 모르게 기업 경영에서 꼭 필요한 단계별 전략 수립 부문에 훈련이 되어 있음을 느끼곤 한다. 즉 골프에서 필요로 하는 코스 공략 전략이 경영에서도 꼭 필요한 노하우라는 것이다.

첫 번째 노하우는 골프나 경영 모두 성공적인 결과를 얻기 위해서는 전략이 필요하다는 점이다.

골퍼들은 필드에서 해당 코스 공략 전략이 필요하다. 사업도 마찬가지다. 사업도 성공하려면 해당 사업을 어떤 방식으로 공략할지, 그에 대한 전략 수립이 필요하다.

골퍼들은 코스 공략을 위하여 연습 라운드도 하고, 정보를 수집하고, 수집한 정보를 또 면밀하게 분석하여 공략 전략을 수립한다. 사업도 해당 사업에 대한 다양한 시뮬레이션을 해 보면서 강점과 약점을 분석하고, 이를 통해 성공이라는 고지를 정복하기 위하여 경영 전략을 수립하는 것은 같은 맥락이다.

골프의 경우 홀에 도달하기 위하여 나무와 물, 벙커 등과 같은 장애물과 바람의 종류나 방향 같은 보이지 않는 변수가 존재한다. 해당 홀에서 최소 타수를 기록하기 위하여 매 홀마다 상황 변화를 민감하게 캐치하여 그에 따른 전략을 수립하여 공략한다. 사업도 해당 프로젝트 혹은 목표에 대한 달성 혹은 성공을 위하여 주어진 여건과 보이지 않는 경영 환경의 변화를 감지하여, 효율적인 의사 결정으로 최선의 전략을 수립해야 한다. 단계가 거의 비슷하다.

따라서 전략 수립 및 수행을 필요로 하는 훈련에 골프라는 운동은 더할 나위 없는 좋은 교육 수단이다.

두 번째 노하우는 늘 상황 변화에 적응할 수 있는 열린 자세를 가져야 한다는 점이다.

필드에 나가 보면 어떤 날은 스코어가 좋지 않을 때도 있다. 그럴 경우 "전에는 괜찮았는데 오늘은 좋지 않네. 골프는 정말 어려운 것 같아!"라는 말을 하곤 한다. 그것은 좋은 스코어가 날 때와는 컨디션이 좋지 않거나 환경에 적응하지 못하였기 때문이다.

TV 드라마 소재로 많이 사용되는 고려 말, 조선 개국 때의 왕조 변경에 대한 역사적 사건들을 보자. 주변 국가들의 상황과 내부 변화 속에서 각자 명분과 실리를 찾으며 적응과 실패가 공존하였다. 그 결과 적응을 잘한 쪽은 성공의 길로 들어섰다.

이렇듯 역사 속에서도 적응이라는 요소가 중요하게 작용하였듯이, 골프 샷도 스윙 폼도 필드를 공략하는 전략도 변신이 이루어지지 않는 쪽으로 발현된다면 그날의 스코어는 엉망이 될 것이다.

기업의 환경 변화는 골프에서의 변화보다 더 다양하고 돌발적인 변수들이 나타나므로, 변신이 없다면 생존이 불가능한 전쟁터다. 변화하고 적응할 수 있는 유연한 혁신 활동이 없다면 기업의 생존은 물 건너가는 것이다. 바로 "과거에 안주하는 기업은 도태될 수밖에 없다"는 것을 우리는 잘 알고 있다.

골프도 기업도 다양한 변수들이 있기 때문에 스스로 변신과 변화를 이루어내지 못한다면 그 결말은 뻔하다. 코스 환경에 적응하지 못하는 골퍼의 스코어가 엉망이듯이, 환경 변화에 적응하지 못하는 기업의 생존은 위태로울 것이다. 골프와 기업의 경영이 일치하는 또 하나의 지점이다.

다음으로 명심할 것은 '자기도취'다. 골퍼들 사이에는 특정 홀에서 좋은 샷을 구사하여 좋은 스코어로 버디를 기록하거나 평소 타수보다 좋은 스코어를 내는 홀이 나타나곤 한다. 그때 대부분 그다음 홀은 한껏 자만에 빠져 흥분 상태로 들어가게 되는 경우가 많다. 흥분 상태에서 샷을 휘두르다 보면 해당 홀의 스코어는 엉망이 될 때가 많다. 자기도취에 빠진 골퍼는 자만심이 가득한 폼으로 공을 치게 되고, 이는 엉뚱한 궤적을 그리게 되어 스코어에 막대한 지장을 초래한다.

기업도 마찬가지다. 특정 프로젝트를 성공시킨 후 연이어 이어지는 프로젝트를 수행하면서 자만에 빠져 판단 착오와 아집에 휩싸인 채 엉뚱한 의사 결정을 하는 경우가 발생하곤 한다. 이는 곧 해당 프로젝트의 실패를 의미하며, 기업의 생존에 아주 중대한 위협 요인으로 등장하는 경우가 많다. 최근 금호그룹의 아시아나항공 매각 관련 사태가 유사한 사례가 아닐까 하는 생각이다. 대우건설이라는 초대형 회사를 인수하는 쾌거 뒤에 알짜 기업 아시아나항공의 매각이라는 상황을 초래했다.

기업 경영이나 골프에서 자만심, 자아도취는 절대적인 재앙이다. 따라서 겸양지덕은 두 분야에 공통적으로 적용되는 자세다.

그 외에도 유연한 자세를 갖추어야 하는 점이나 위기 관리 능력 등도 골프와 기업 경영에 있어서 중요한 공통점이다.

골프는 힘만으로 치는 것이 아니다. 스윙은 부드럽고 유연한 몸동작이 필요하다. 기업의 유연한 조직 운영도 같은 맥락이다. 또한 코스에서의 돌발 상황에 따른 위기 관리 팁이 스코어에 큰 영향을 미친다.

기업도 경영 환경으로 인한 위기 상황이 왔을 경우 그 위기를 관리하는 방식은 골프와 같다. 중요한 팁을 실행함으로써 돌파구를 마련할 수 있을 것이다.

이렇듯 골프와 기업 경영은 위기 관리 측면에 있어서도 유사한 양태를 띠고 있다.

유연한 조직 관리 혹은 유연한 골프 라운도도 그렇고, 코스에서의 위기 시 돌파구도, 경영 위기 상황에서의 돌파구도 위기를 승리의 기회로 바꾸기 위해서는 최선의 선택을 해야 한다. 최선의 선택을 위해서는 끊임없는 훈련이 되어 있어야만 그 상황이 실제로 발생하였을 때 자연스럽게 구현이 가능하다.

이외에도 무수히 많은 부분에 있어 골프와 기업 경영은 한 궤적으로 흐르는 유사점이 있다.

골프라는 운동은 단순히 몸에 좋고 힐링이 되는 것을 떠나 기업가가 기업을 경영함에 있어 필요로 하는 다양하고 심도 있는 교훈을 준다. 따라서 나는 골프에 대하여 새로운 가치를 부여하고 싶은 것이다.

토미 아머라는 골퍼는 이런 말을 했다.

"대개의 골퍼들은 골프를 플레이하는 것만 알지 코스를 플레이하는 것은 잊고 있다!"

여러분도 그저 즐거움을 주는 골프, 사교를 위한 골프에만 머물지 않기를 바란다.

동료의 습관은 당일의 승부수를 알려준다
전략 수립의 기본

골프라는 운동은 특히 집중력이 중요하다. 프로 선수는 우승 상금과 트로피를 위해서, 주말 골퍼는 자존심을 지키거나 지갑을 털리지 않기 위해서 꼭 이기고 싶은 욕망이 있을 것이다.

프로 선수는 대회에 참가한 다른 선수들을 이겨 승자의 재킷을 차지하고 싶고, 아마추어 골퍼는 같이 라운드 하는 동반자를 이기고 싶어한다. 그러려면 특히 집중력이 중요하다. 긴장감이 넘치는 경기에서 집중력을 발휘할 수 있는 것도 훈련으로 습관이 되어야 한다.

라운드에서 어떤 상황이 벌어질지는 아무도 모른다. 특이하고 황당한 상황이 일어날 수도 있다. 이런 날은 자신의 페이스를 지키는 것이 결정적인 승부처다. 본능적인 집중력이 습관 속에서 자연스럽게 발현되는 사람이 승자가 될 수 있다.

친구 중에 낯가림이 심한 이가 있다. 그는 라운드 동료 중에 낯선 이가 한 사람이라도 있으면 전반 9홀은 거의 망친다. 충분히 공략이 가능한 홀에서도 낯선 사람이 눈에 들어오면 집중하지 못하고 엉뚱한 스윙을 하곤 한다. 점차 라운드를 함께하면서 익숙해지면, 후반 9홀부터는 기본 페이스를 찾아가는 스타일이다.

함께하는 동료들의 다양한 연륜이 내뿜는 내공을 여유로운 마음으로 받아들일 수 있는 배포가 필요하다. 특히 다양한 행동에 따른 개인별 버릇을 간파하고 자신의 페이스를 유지할 수 있는 집중력만 있다면 그날의 승부를 자신의 것으로 만들 수 있을 것이다. 어떤 상황에서도 자기 페이스를 놓치지 않는 것이 중요한 포인트다.

그것은 어느 누구와 동반하든, 어떤 장소든, 어떤 상황 조건이든 자신의 리듬을 깨트리지 않는 자세를 의미한다. 더불어 금상첨화가 되려면 라운드 동료의 습관을 간파하고, 그 습관으로 인한 흔들림을 유도할 수 있는 지략도 있어야 한다. 순간적인 간파와 스스로의 집중력은 오랫동안 자신을 통제하는 습관 속에서 잉태된다는 것을 알아야 한다.

진정한 손맛이 느껴지는 샷을 즐기고 싶다면 자신의 페이스를 유지하고 상대의 약점을 간파한 다음 나의 약점을 보완해야만 샷의 정확도를 가져올 것이다. 스위트 스폿 소리를 제대로 느끼고 함께하는 동료들로부터 "굿 샷!"을 듣고 싶다면 반드시 필요한 부분이다.

이러한 상황에서 기업 경영의 SWOT 분석이라는 과정이 느껴지는 것은, 골프가 주는 매력을 너무 과신하는 것은 아닐까 염려도 된다.

SWOT 분석은 SWOT 매트릭스라고도 한다. SWOT 분석은 회사가 처한 상황을 냉정히 파악할 수 있는 좋고, 이 분석 방법은 특히 경쟁자가 있는 프로젝트에서 공략 포인트를 무엇으로 할지를 알려주는 매우 유용한 도구다. 이 분석은 외부 상황뿐 아니라 내부적 특성도 다시 한번 정리하는 기회를 제공한다. 또한 승부를 자기 쪽으로 유리하게 이끌 수 있는 처방을 내려, 보다 효율적인 공략 포인트를 수립하는 기회를 제공해 주기도 한다.

SWOT 분석에서 약점Weakness과 위협Threat은 오른쪽에, 강점 Strength과 기회Opportunity는 왼쪽에 놓고 2×2 매트릭스로 구성할 수 있다.

그리고 SWOT 분석은 분석 당시의 순간적인 상황에 대한 분석임을 잊어서는 안 된다. 모든 상황은 살아 있는 생물처럼 움직인다. 따라서 너무 일방향적이고 지속적인 상황 분석에는 한계가 있다. 즉 변화하는 상황을 수시로 반영하여 필요한 수정을 가할 수 있는 유연함이 있어야 한다.

그렇다면 SWOT 분석은 어떤 과정을 거쳐야 수립이 가능할까?

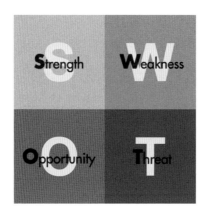

    먼저 해야 할 부분은 분석할 타깃을 선택하는 것이 가장 필요하다. 이는 경쟁사 혹은 자신의 회사가 될 수도 있고, 수행할 혹은 공략할 프로젝트일 수도 있다. 또한 사람이 될 수도 있다. 이렇게 타깃이 선택되면 먼저 내부 분석을 해야 한다. 해당 타깃에 대한 각종 데이터를 매트릭스 폼에 입력하고 그다음에 외부 분석을 하면 된다. 이렇게 만들어진 매트릭스 속의 내용으로 해당 분석 타깃을 평가한 후에, 평가에 따른 후속 조처를 할 수 있는 대응책을 결정하면 되는 것이다.

    먼저 SWOT 분석의 내부 분석을 위해서는 강점과 약점의 파악이 특히 중요하다. 강점은 곧 승부를 가져올 수 있는 요소들이다. 기업 차원의 분석이라면 강점은 가용 자원을 총망라하는 것이다. 함께하는 조직원의 역량, 조직이 갖고 있는 나름의 인프라, 생산하는 서비스 혹은 상품의 품질 등도 여기에 해당한다. 경쟁하는 회사들보다 경쟁 우위를 점할 수 있는 부분이 무엇인지를 알 수 있게 해 주는 것이다.

반면, 약점은 회사가 우위를 점함에 있어 방해가 되거나 장애물이 될 수 있는 모든 요소들이 해당된다. 쏟아부어야 할 자원의 크기 혹은 수용 능력, 그에 대한 태도도 해당한다. 약점에서 언급되는 모든 요소는 정확하게 판별되어야 하고 동시에 제거할 수 있도록 하여야 할 부분이다.

한편 외부 분석은 조직이나 사람의 분석 타깃이 외부와 어떻게 연관되어 작용되는지를 알아야 한다. 어떤 기회와 위협이 있는지를 발견하기 위한 요소들로 파악하면 되는 것이다. 즉 함께 움직여야 할 조직과 관련된 요소들을 찾아야 한다.

기회는 긍정적인 요인이다. 반면 위협은 부정적인 것이다. 기회는 주어진 환경이 무엇이냐에 따라 결정된다. 제공된 요소들을 확인하면 조직은 기회를 이용하여 이익을 창출할 부분을 만들어야 한다. 그러나 위협은 조직과는 반하는 요소들이다. 따라서 이러한 요소들에 대해서는 대응할 수 있는 방안이나 도구를 강구하여야 한다.

이렇게 분석된 각 요소들을 2×2 매트릭스에 놓고 보면, 어떤 부분을 어떤 방식으로 추진해야 할 방향이 한눈에 들어온다.

매트릭스 상의 한쪽에 위치한 강점과 기회는 긍정적인 요소들이다. 긍정적인 요소들을 통해 승부를 가져오거나 창출하려는 잠재 이익을 끌어내야 한다. 두 영역을 통하여 향후에 어떤 액션을 취해야 할지, 어떤 의사 결정을 해야 할지를 알려주는 것이다.

매트릭스의 나머지 영역에 위치한 약점과 위협 요인은 기업의 한계를 나타내는 것으로, 빨간불로 좋지 않은 신호를 보내 주는 것이다. 일종의 경고로 받아들인다면 된다. 한편 강점과 위협 요인의 결합으로 생성되는 정보는 해당 타깃의 위험 요인risk를 의미한다. 또한 약점과 기회의 결합으로 생성되는 정보는 도전 요인challenge으로 볼 수 있다. 즉 미래의 모양과 혹은 결과를 추정하는 중요한 요소들이다.

이러한 분석 결과를 통해 어떠한 최종적인 의사 결정을 할지 알려주는 영역이 SWOT 분석의 종착점이다. 또한 SWOT 분석은 향후 발생할 새로운 도전 프로젝트에 대한 전략 수립에 도움을 준다.

분석이라는 과정은 결정을 내리기 위한 선행 조치들이다. 이러한 선행 조치의 결과로 얻은 정보는, 어떤 품질을 갖느냐에 따라 잘 된 결정 혹은 잘못된 결정을 내릴 확률이 정해진다.

결국 기업을 하는 입장에서는 스스로 SWOT 분석을 할 준비가 되어 있어야 승부도 겨룰 수 있고, 성공에 가까워질 수도 있음을 잊지 말아야 한다.

당일 컨디션은 코스별 대처 방안을 알려준다
지피지기 백전불태

골프는 당일 컨디션이 중요하기 때문에 아무리 안정적인 실력자라도 스코어를 속단하기가 쉽지 않다. 라운드 하는 날 잔디의 조건, 본인의 컨디션에 따라 스코어는 달라진다. 게다가 라운드 동료들과 과거 전적이 있는 경우라면, 더욱이 심리적 위축 혹은 자만심이 승패를 좌우하기도 한다.

골프를 즐기는 사람들은 아마도 티오프를 하기 전에, 그날의 라운드 스코어를 위해 각 홀의 특성과 코스 배치를 주의 깊게 살피며 라운드 전략을 세울 것이다.

각 홀의 특성과 배치를 잘 알아야 코스 공략에 필요한 전략을 통해 스코어를 보다 좋게 끌어낼 수 있다.

대표적인 전략은 첫 샷을 때릴 때 다음 샷을 생각하면서 첫 샷의 공략 목표 지점을 결정하는 것이다. 미들 아이언 샷 거리만큼만 남기는 샷으로 첫 샷을 마치는 방식이 좋은 것 같다. 그리고 코스에 대한 철저한 계획에 의해 공의 경로를 정하고, 그에 맞는 클럽을 선택하여 해저드 및 OBout of bound를 피할 수 있는 모든 방안을 결정해야 한다.

무리하게 발목 깊이의 러프에서 롱 아이언을 잡는 우를 범하지 않고, 나무들 틈을 공략하겠다고 다소 과감하게 공을 치는 리스크가 큰 행동은 하지 않아야 한다.

한편 티샷을 하기 전 충분한 준비운동은 필수다. 몸과 마음의 긴장을 풀어주는 것은 그날의 스코어를 위하여 가장 먼저 해결할 부분이다. 마음속으로는 티잉 그라운드에서 이상적인 샷이 나오는 모습을 상상하고, 어드레스와 티오프 위치에 대한 집중력 있는 자세가 특히 중요하다.

누구나 시작 전에 긴장을 하는 것은 당연하다. 이때 긴장을 해소하는 유일한 방법은 자기 자신을 믿는 것 외에는 없다. 자신을 믿는 것만이 긴장감을 완화할 수 있는 유일한 방법이다. 또한 충분한 연습을 통해 몸이 기억하는 자신만의 스윙이 나오도록 해야 하며, 그립의 압력을 체크하면서 라운드를 하는 것이 좋다.

각 홀을 공략하기 위한 경로를 선택할 때는 무엇보다 자신의 비거리와 테크닉을 고려하여야 한다. 당일의 컨디션이 최상일 경우에는 리스크를 과감히 받아들이는 공략도 필요하다. 그러나 컨디션이 좋지 않을 때는 욕심을 줄이고 마음을 비운 상태에서 홀을 공략하는 방식이 좋다. 자신이 세운 최고의 비거리보다 평균적인 비거리로 기준을 삼아 공략 코스의 경로와 거리를 추정하는 것이 현명하다. 특히 홀마다 존재하는 위험 요소들에 대한 배치 혹은 코스의 구조를 파악하여 가장 안전한 경로를 찾는 것이 중요하다. 즉 자신이 치고 싶은 샷보다는 쳐야만 하는 샷을 구사하는 자세가 정말 중요하다.

이렇게 코스를 공략할 때 다양한 환경 요소와 자신에 대한 냉철한 분석을 통하여 경로와 클럽을 선택한다. 기업들도 경영 현장에서 SWOT 분석을 하고, 자신의 강점에 대한 보다 실질적인 효과를 극대화하는 전략을 택하는 것과 같은 이치다.

먼저 전략이라는 용어를 살펴보자. 전략은 원래 병법 또는 군사학에서 나온 말이다. 영어로 Strategy라는 단어는 그리스어 Strategos에서 온 것으로, 군대를 의미하는 Stratos란 단어와 이끈다lead는 의미를 갖는 어미 ag가 합쳐서 된 것이다.

병법 속의 전략이라는 말은 동양에서는 중국 춘추전국시대에 손무의 손자병법이 대표적이며, 서양에서는 로마의 시저가 대표적이다. 이와 같은 전략의 개념은 하버드대 케네스 앤드루스 교수에 의해 세상에 출현했다.

경영에서 전략이라는 의미는 "기업의 희소한 경영자원을 효율적으로 배분하여 시장에서 기업이 경쟁 우위를 창출하고 확보하여 유지시켜 주기 위한 의사 결정"이다.

이러한 경영 전략 중에서 앨버트 험프리가 창안한 전략 기법 중의 하나인 SWOT 분석은 기업이 가진 강점과 약점, 외부 환경의 시장 기회와 시장에서의 위협 요인을 분석, 평가하여 강점은 극대화하고 약점은 보완함과 동시에 위협 요인에 대한 대처 전략을 강구하고, 시장 진입을 위한 기회 포착을 실행하는 데 초점을 맞춘 것이다.

특히 중요한 부분은 내부 환경, 즉 내부 자원의 냉철한 분석과 경쟁 시장에서의 외부 환경을 빠짐없이 분석하여 제반 문제점을 파악하고, 그에 대한 방지책으로 대안을 마련해야 하는 것이다. 다만 다양한 환경 분석에 대한 노하우가 없는 상황이라면 분석에 대한 오류로 엉뚱한 의사 결정을 내릴 수 있기에, 가장 최근의 각종 영역별 상황에 대한 지속적인 분석이 중요하다.

한편 지속적인 분석을 하였다면 그에 따른 공략 전략을 수립해야 하는데, 가장 유념할 부분은 WT전략이다.

즉 약점을 극복하고 장벽을 깨트릴 전략이 무엇이냐에 따라 강점은 극대화되고 시장의 기회는 더욱 확대될 것이다. 더불어 끊임없이 주장하는 피드백을 통한 지속적인 수정 보완이라는 측면은 더욱 강조할 필요가 있다. 이러한 SWOT 분석은 다음의 네 가지 질문부터 시작하면 된다.

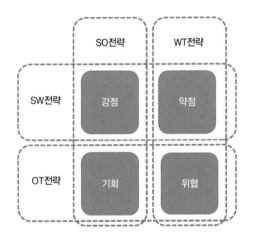

- 기업 역량에 대한 분석으로 우리는 무엇을 할 수 있는가?
  (강점과 약점)
- 기업이 추구하는 목표 및 가치에 관한 것으로 우리는 무엇을 하고자 하는가?
- 외부 환경에 대한 부분으로 우리가 무엇을 하게 될 것인가?(외부 기회 및 위협 요인)
- 내/외부 환경 속의 이해 당사자들이 하는 기대로 우리가 무엇을 하기를 바라고 있는가?

이와 같은 내용을 기초로 분석한 후에 4가지 관점의 솔루션을 구축하면 되는 것이다.

4가지 관점은 SO전략, ST전략, WO전략, WT전략을 말한다.

SO전략은 보다 공격적인 전략으로 기회를 활용하면서 강점을 더욱 강화하는 전략으로 사업구조, 사업영역, 사업 포트폴리오, 시장 확대 등에 관한 영역에 적용하면 좋을 것이다.

ST전략은 다각화 전략의 일환으로 외부 환경의 위협 요소를 회피하면서 자사의 강점을 활용하는 전략으로 신사업 진출, 신제품 및 신기술 개발 등의 영역에 적용하면 된다.

WO전략은 국면의 전환을 꾀할 필요가 있을 경우 활용하는 전략으로서 외부 환경의 기회를 활용하여 자사의 약점을 보완하면서 추구하는 전략이다. 내부 경영 환경에 대한 효율성 추구를 위한 각종 혁신 운동과 기업의 구조 조정이 대표적이다.

WT전략은 방어적 전략으로 외부 환경의 위협 요인을 회피하고 자사의 약점을 보완하는 전략을 말하며 원가절감, 사업 축소 혹은 철수, 유지에 관한 전략이다.

결국 SWOT 분석에서 도출된 핵심 이슈들을 성공적으로 완성하려면 중복되거나 유사한 것들은 제거하고 중점적으로 힘을 기울여야 하는 부분을 찾아내며, 이에 대한 평가는 또 다른 툴에 따른 검증을 받아야 한다. 이렇듯 같은 SWOT 분석 속에서 다양한 활용 사례가 있듯이 골프에서의 코스 공략도 자기만의 특별한 공략법이 존재한다. 그 방법에 대한 고민을 두려워하지 말고 차분하게 수립해 보기 바란다.

잘 맞지 않는 날도 버틸 수 있어야 한다
시뮬레이션 경영의 중요성

골프에서 스코어를 좋게 하는 방법은 꾸준한 운동, 스윙 연습, 거리감 익히기, 유연성 키우기 등이 중요하다. 그러나 이런 방법들은 시간이 오래 걸리므로 꾸준히 해야 한다. 스코어는 그날의 컨디션에 따라 들쭉날쭉한다.

그럼 스코어가 향상되도록 하는 방법을 제안해 보겠다.

먼저 자신의 드라이버 비거리를 알아야 하고, 이를 토대로 평균 비거리를 기준으로 비거리를 셋업할 기준 수치를 정한다. 평소 본인의 드라이버 비거리가 220야드라면 드라이버로 철저하게 자신의 비거리인 220야드만을 보아야 한다. 드라이버도 아이언처럼 거리가 확실하게 정해져 있다고 보면 된다. 막연하게 멀리 보내야겠다는 마음보다는 자연스러운 스윙을 생각하기 위한 방편으로 보자.

다음은 훅이 잘 나는지 혹은 슬라이스가 잘 나는지를 파악해야 한다. 훅이 잘 나는 사람은 스윙 연습 때 손목이 조금 덜 돌아가도록 신경을 써야 한다. 왼손 엄지와 검지에 힘을 주고 연습을 하는 경우, 클럽 페이스가 열리면서 임팩트 될 때 도움이 된다. 이를 몸이 기억하도록 한다.

그러나 슬라이스가 잘 나는 경우라면 연습 때 손목이 좀 더 잘 돌아가도록 하면 좋다. 베이스볼 그립을 잡고 연습하는 것이 좋은 방법이다. 아마도 슬라이스가 조금 덜 나는 것을 느낄 수 있을 것이다. 즉 베이스볼 그립으로 빈 스윙을 하라는 것이다.

또 라운드 직전, 연습 그린에서는 퍼팅 시 직선 거리감만 찾는 것이 좋다. 모든 골프장의 그린 스피드와 높이는 다를 수밖에 없다. 그날의 라운드를 위한 연습은 그린의 빠르기 정도만 익히는 것으로 생각하고, 거리별로 직진 정도를 파악하여 자신감을 갖도록 하는 것이 중요하다. 그냥 가벼운 마음으로 퍼팅 연습을 통하여 기분을 업 시키는 정도가 좋다.

아이언 클럽의 선택은 연습장 비거리보다 한 클럽을 더 본다는 자세를 유지해야 한다. 그 이유는 골프장의 잔디는 연습장보다 경사가 있기 때문이다. 공이 느끼는 미세한 경사뿐 아니라 몸이 계속 경사도가 느껴지므로, 경사로 인한 비거리의 손실을 감안하여 한 클럽을 더 본 아이언을 선택할 것을 추천한다.

만일 벙커 샷을 할 경우에는 몸통으로 공을 쳐야만 한다. 그 이유는 모래의 저항을 뚫고 제대로 된 힘을 공에 전달해야 하기 때문이다.

그리고 라운드를 하는 동료가 본인은 원하지 않는데 조언을 하는 경우, 따지거나 대들지 말고 흘려 듣는 자세가 필요하다. 대화가 시작되면 쓸데없이 흔들리는 상황을 맞이할 수 있다. 다만 좋은 인간관계를 위한 라운드이기에 경기를 마친 후 식사 자리에서 정중히 언급하면, 상대방은 각종 노하우를 봇물 터뜨리듯 이야기하게 될 것이고, 이는 좋은 감정으로 관계를 맺을 수 있는 기회가 될 것이다.

또 그린에서 OK를 받고 난 다음의 호흡을 유지하려면 반드시 OK로 인한 공은 그대로 끝내지 말고 '고맙다'는 표현과 함께 퍼팅감을 유지하는 방법으로 "연습 한 번 하겠다"는 말을 하면서 공을 홀컵으로 넣는 습관을 갖는 것도 좋다. 미묘한 변화가 오는 경우를 최대한 줄이기 위한 방법이다.

그리고 경기와는 상관없을 수도 있지만, 캐디에게 호의적인 자세를 가져야 한다. 특별한 행동을 하라는 것은 아니고, 말 한마디도 친절하게 건네고, 캐디 피를 줄 때도 봉투에 담아서 주는 것이 좋다. 그 정도의 매너라면 그린 라이에서 조금이라도 유리하게 잘 잡아주려고 할 것이다.

이렇듯 좋은 스코어를 위한 작은 노력도 여러 상황에 따라 나름의 시나리오와 조금 더 좋은 환경과 컨디션을 유지하는 방법을 고민하는데, 하물며 전쟁과 같은 기업 현장에서는 더욱더 좋은 상황을 연출하기 위해 모든 방안을 강구하는 것이 정상이다.

그 방안으로 나는 '시나리오 경영'이라는 주제를 전하고 싶다.

한때 오일 회사들이 세계 시가총액의 상위권을 차지한 적이 있다. 그때 당시 중동의 오일 쇼크라는 비상 상황이 로열 더치 쉘이라는 회사를 세계 1위의 자리로 올려놓은 사례다.

시나리오 경영은 시나리오 플래닝이라는 군사전략에서 온 것이다. 시나리오 플래닝은 미래에 일어날 수 있는 여러 가지 상황을 다양하게 고려하여, 일어날 가능성이 큰 순서대로 몇 가지 상황을 가정하여 시나리오를 그리는 것이다. 이 각각의 시나리오에 대한 개별적인 대응 전략 방안을 준비해 놓고, 혹시라도 해당 상황이 발발할 경우 그에 맞추어 신속하게 대처하기 위한 경영 기법이다.

1960~70년대 로열 더치 쉘의 규모는 세계 7위권 수준이었다. 그런데 이 회사는 이미 1960년대 중반부터 중동 정세의 심각성을 느끼고 있었다. 미국의 친이스라엘 정책은 심각한 유가 파동으로 연결될 거라고 가정하고 다양한 시나리오를 기획 구성하여 각각의 대응 전략을 구축하였다.

그 결과 1970년대와 1980년대 발발한 중동전쟁으로 인한 오일 쇼크에 성공적으로 대응할 수 있었다. 그 대응은 놀라운 성과를 거두었다. 제1차 오일 쇼크 전에 로열 더치 쉘은 당시 세계 7대 메이저 석유 회사 중 규모나 수익률 면에서 최하위였다. 그러나 오일 쇼크 이후에는 수익률 1위, 규모 2위의 최대 석유 기업으로 급부상한 것이다.

오일 쇼크가 발발하자 그 충격으로 다른 석유 회사들이 우왕좌왕하는 사이, 로열 더치 쉘은 미리 준비된 시나리오에 따라 설비투자를 축소하고 정유 제품의 질을 높이는 등 신속하게 대응하였다. 로열 더치 쉘의 성공 사례는 이후 시나리오 플래닝의 대표적 사례로 회자되었고, 이를 계기로 경영에서 시나리오 플래닝은 아주 중요한 전략의 하나로 주목받기 시작했다.

이런 시나리오 경영은 불확실성이 엄청나게 커진 요즘 시대에 확실한 성과를 내는 전략으로 자리잡은 것이다.

시나리오 플래닝은 제2차 세계대전 당시 군사작전의 일환으로 사용됨으로써 세상에 알려지기 시작한 전략이다. 전쟁에서 적들의 움직임에 따라 대응하기 위한 차별성 있는 작전을 미리 수립하여, 적의 동태에 따라 준비된 대응으로 승리를 이끌던 군사 기법이었다. 이 기법이 미국의 랜드연구소라는 군사전략전문기관에서 냉전 시대에 핵 전쟁에 대비하기 위한 다양한 대응 방안을 통하여 시나리오 플래닝이 체계적인 방법론으로 확립되었다. 이후 해당 연구소 출신 연구원들이 민간 연구소로 퍼져나가 활동하면서부터, 시나리오 플래닝이 민간 기업의 영역에서도 활용

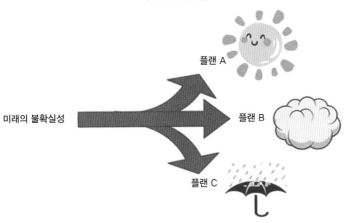

시나리오 플래닝

플랜 A

미래의 불확실성

플랜 B

플랜 C

되기 시작했다. 그 시기는 1960년대 후반, 70년대이며 시나리오 플래닝 기법으로 범죄를 예측하는 최첨단 치안 시스템이 등장하는 〈마이너리티 리포트〉라는 영화도 나오게 되었다.

시나리오 플래닝은 불확실성에 대비하는 다양한 시나리오를 통해 발생 가능한 다양한 경영 상황에 신속하게 대처할 수 있는 방안을 마련하는 것이다. 더불어 다양한 시나리오 연구에서 시장에 대해 보다 더 긴밀하게 이해를 할 수 있어 다양한 전략적 선택에 도움을 주는 역할도 하게 되었다.

시나리오 플래닝은 자신이 처한 시장 상황에 대하여 해당 비즈니스에 영향을 주는 다양한 이슈에 대한 변수를 선택하고, 이 변수의 변화에 대한 가능성에 비추어 몇 가지 시나리오를 상정하는 것이다. 시나리오로 구상되는 상황은 일어날 수도, 그렇지 않을 수도 있다.

전략은 매우 섬세하게 구사되어야 한다. 즉 가능성이 가장 큰 상황에 대비하여 결정되어야 한다. 여기저기 모두 사용 가능한 전략은 제대로 된 전략이 아니다. 그러나 정확성을 담보로 한 단 하나의 전략은 반드시 외통수일 수밖에 없다. 불확실성이 당연시되는 현 시대에는 이에 대한 대응책을 구사하는 것이 맞다. 미래 상황이 분명하다면 이에 대한 전략적인 선택과 집중을 해야 할 것이고, 불확실하다면 시나리오 플래닝을 활용해 준비해야 할 것이다.

미래에 어떠한 상황이 일어날지는 누구도 알 수 없다. 그러나 최소한 가능성이 높고 영향력이 큰 몇 가지는 선택하고 대비할 수 있다. 경쟁자보다 미래에 대해 보다 체계적이고 지속적으로 생각하고 대비하는 것은 엄청난 경쟁력이다.

저성장의 기조가 계속되고 있는 요즘, 경영 환경의 불확실성은 더욱 커져만 갈 것이다. 시나리오 플래닝이 지금 필요한 가장 중요한 이유다.

골프는 매너가 생명이다
전략 선택의 다양성

골프는 흔히 '신사의 운동, 신사의 스포츠'라고 한다. 그만큼 에티켓이 중요한 운동이다. 골프를 치는 사람이라면 '골프 정신'이라는 말을 들어본 적이 있을 것이다.

골프 정신이란 "골프는 다른 플레이어를 배려하고, 규칙을 준수하는 성실성이 요구되는 스포츠이므로 모든 플레이어들은 경기 방식에 관계없이 언제나 절제된 태도로 행동하고 예의를 지키며 스포츠맨십을 발휘해야 한다"고 알려져 있다.

골프에서 에티켓을 중요시하는 것은 다른 스포츠와 달리 심판이나 감독 없이 플레이하기 때문이다. 아무리 골프를 잘 치는 골퍼라도 에티켓이 엉망이면 결코 매너 있는 골퍼라고 할 수 없다. 반대로 골프 실력은 뛰어나지 않지만 에티켓이 좋다면 멋진 골퍼로 불릴 수도 있다.

일상생활에도 예의범절이 있듯이 골프장에서도 경기를 즐기기 위해서는 올바른 에티켓 준수와 타인에 대한 배려가 매우 중요하다.

"그 사람을 알려면 골프 한 라운드면 충분하다"는 속담처럼 골프가 다른 운동과의 큰 차이는, 오랜 시간 동료들과 함께 심판도 없이 운동하는 것이다. 그리하여 경쟁하는 동료를 배려하고, 자신의 양심에 입각해 플레이를 하고, 이를 경기 결과인 스코어로 기록하는 경기이기 때문이다.

매너 있는 골퍼가 되기 위해서는 절대 하지 말아야 할 몇 가지를 알아둔다면 도움이 될 것이다.

첫째, 약속의 중요성이다. 라운드 약속 시간보다 30분에서 1시간 먼저 클럽하우스에 도착하는 것이 좋다. 준비도 해야 하고, 멘탈 운동이므로 마음의 안정을 위한 시간도 필요하고, 또한 가벼운 몸풀기에 필요한 최소한의 시간이다. 좋은 마음으로 시작하기 전 30분 내지 1시간의 투자가 선행된다면, 그 시간보다 훨씬 큰 가치를 얻게 될 것이다.

둘째, 동반자의 샷에 방해를 하지 말아야 한다. 드라이버 티샷 때 티잉 그라운드에 올라와 있거나 세컨드 샷이나 서드 샷 중 백스윙 때 옆이나 뒤에 서 있으면 신경이 쓰인다. 심리적 측면도 그렇고, 시야를 방해할 수 있다. 이왕이면 샷 하는 이를 배려하는 자세를 권하는 것이다.

셋째, 퍼팅할 때 동반자들의 OK 혹은 컨시드는 신경쓰지 않고, 오로지 자기 자신이 무조건 OK 하는 골퍼들이 있다. 티업 시간이 7분 간격인 우리나라 골프장의 특성상 필요한 OK 혹은 컨시드가 필요하지만 동반자의 배려가 아니면 절대 해서는 안될 행동이다. 또한 OK 혹은 컨시드를 받을지라도 자신의 리듬감을 위해서 연습 퍼트로 마무리하는 것도 그날의 스코어를 위한 좋은 방안이 될 수 있다.

넷째, 라운드를 하는 동안 동반자의 의사와는 무관하게 평론을 겸한 훈수를 두는 골퍼들이 있다. 도움이 되고 싶은 마음은 이해하지만 상대방의 자존심이나 기분을 상하게 할 수 있다.

다섯째, 구시렁거리는 행동도 주의해야 한다. 샷을 잘못 치거나 마음에 들지 않을 경우, 남 탓을 하거나 혼자 구시렁대는 모습은 정말 별로다. 골프는 자신과의 싸움인데, 자기 자신을 스스로 배려하지 않는다면 라운드 동반자는 배려가 될 것인가? 그리고 남 탓으로 인한 스스로의 위안이 진정한 위안인가를 생각해 보면 쉽게 이해가 될 것이다.

아마도 일부러 그런 행동은 하지 않을 것이다. 자신의 행동이 비매너인 줄 모를 수도 있으니 조용히 돌아보는 시간을 갖고, 고칠 부분에 대한 수정으로 보다 거듭나는 신사의 모습을 보여 준다면 좋을 것이다.

이렇듯 골프에서의 비매너는 그 사람의 평가적인 측면에서 중요한 요소가 된다.

그러면 이를 기업으로 치환해 보자. 기업 입장에서는 성공을 위한 다양한 전략의 선택이 필요한 것은 주지의 사실이다.

기업의 평가 측면에서 본다면, 전략에 있어 유연성 있는 자세가 중요하다. 그 유연함의 대표적인 사례가 배스킨라빈스다. 오늘날 소비자들에게는 정말로 선택 범위가 넓어졌다. 그러나 선택의 다양성을 전략적으로 도입하여 사용하는 경우는 드문 것 같다. 물론 의도하지 않을지라도 다양한 물품 공급으로 다양성을 제공하는 경우는 많다. 그런데 배스킨라빈스는 방법을 잘 제시해 주는 전략적인 실행이 있는 것으로 보인다.

세계 최대 아이스크림 체인점인 배스킨라빈스는 1953년 처음 문을 열면서 '하루 한 가지씩 매일 다른 맛'인 31가지 아이스크림을 내놓았다. 그 다양성은 소비자의 평판에 지대한 영향을 미쳤으며, 자연스럽게 그 기업의 성공을 이끄는 단초가 되었다.

이왕이면 전략의 다양성을 통하여 보다 가깝게 가는 기업이 된다면, 매너를 통하여 골프를 통한 인간관계를 돈독하게 하고, 비즈니스 골프의 소기의 목적을 달성한다면 더할 나위가 없을 것이다. 매너 있는 골퍼로서 전략적 다양성을 갖춘 기업으로의 변신을 통해 보다 성공과 가까운 길을 가면 좋을 것 같다.

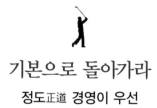

기본으로 돌아가라
정도正道 경영이 우선

골퍼라면 누구라도 더 좋은 스코어를 원한다. 그런데 아마추어들은 스코어를 좀 더 좋게 하는 방법을 의외로 모르는 경우가 많다.

골프는 수준이 천차만별이어서 거기에 맞는 연습 방법을 찾아 꾸준히 노력해야 효과를 볼 수 있다. 100타 이상을 치는 비기너 수준의 골퍼와 매 홀마다 보기 정도를 하는 골퍼, 그리고 아마추어로서 80타를 치는 골퍼가 있다. 따라서 그들 수준에 맞는 방법으로 연습을 하기 때문에 노하우나 방법은 같을 수가 없다.

아마추어 고수들이나 프로들의 답변도 역시 자신만의 경험과 지식이 다르다. 그러므로 그들의 숨은 지혜와 노하우를 깨달아 자신에게 맞는 형태로 받아들여 활용해야 한다.

가장 먼저 익혀야 할 부분은, 라운드를 나가기 전에 골프의 룰과 코스에서의 기본 행동, 상대에 대한 예의 등은 반드시 익혀야 한다.

다음에는 수준별로 기본적인 가르침을 살펴보는 것이 좋다. 비기너와 같은 수준의 100타 이상 치는 골퍼라면 골프에 필요한 기본을 알아야 한다. 즉 그립 잡는 자세, 셋업 하는 자세, 스윙 궤도 등에 관한 기본이다. 매 홀마다 보기를 치는 수준의 골퍼라면 앞서 언급한 기본기를 바탕으로 연습을 통해 공을 많이 다루어 보아야 한다. 만일 좀 친다는 80타 수준이라면 적절한 레슨을 통해 점차 숙련도를 익히고, 즐거운 골프를 치는 자세와 정신을 유지하는 것이 자신의 실력보다 한 타라도 줄이고, 좀 더 골프를 즐기는 노하우를 갖는 방법이다.

그럼 이제 세부적인 자세를 살펴보자.

우선 어드레스 자세에서는 클럽 페이스를 정하기 전 스윙을 하기 전에 발의 위치를 정해야 하는데, 몸에 힘을 빼고 편안한 자세를 가져야 한다. 다만 클럽의 그립을 잡는 부분까지 힘을 빼서는 곤란하고, 가장 편한 자세를 유지하여야 한다.

두 번째는 클럽을 후방으로 들어올리는 테이크 어웨이 자세다. 이때 주의할 점은 반드시 클럽과 몸이 하나가 되도록 하는 것이 중요하다. 스윙이 출발하는 구간으로 어깨의 회전을 자연스럽게 자신의 팔이 궤도 방향으로 나아갈 수 있도록 해야 한다. 이때 클럽은 지면과 수평이 될 때까지 낮고 길게 빼주고, 클럽 페이스는 정면을 바라보도록 한다.

세 번째는 자신의 유연성에 맞게 몸을 꼬아 백스윙의 가장 높은 지점에서의 스윙 자세를 보아야 한다. 이때 어디까지 올라갈 것인가를 신경쓰지 말고 몸의 유연성에 따라 몸에 맞도록 들어올리는 것이 중요하다. 왼팔은 곧게 펴고, 오른쪽 팔꿈치는 굽혀서 왼팔과 샤프트의 각도가 90도가 되도록 만드는 데 특히 신경써야 한다.

네 번째는 클럽이 공을 향해 내려오는 다운스윙 자세를 취할 때 골반이 회전을 하고 오른팔은 떨어뜨린다는 느낌으로 쳐야 한다. 이때 하체가 리드되어야 가장 이상적인 다운스윙이 가능하다. 즉 탑스윙에서 임팩트까지의 구간에서는 체중 이동에 있어, 손목의 코킹이 풀리지 않게 클럽을 공 쪽으로 끌고 내려오도록 해야 한다.

다섯 번째는 가장 중요한 단계인 임팩트 자세다. 임팩트는 공이 페이스면에 맞는 구간이며, 강한 임팩트를 위하여 부드러운 그립을 만들어야 한다. 동시에 공을 끝까지 보면서 클럽 페이스와 공의 진행 방향을 직각이 되도록 하여야 한다.

이때 공을 맞혔다고 해서 멈추지 말고 자연스럽게 힘을 그대로 유지한 채 폴로 스루 스윙을 그대로 밀고 나아가야 한다. 특히 클럽 헤드의 방향은 목표를 12시로 정했다면 10시 방향으로 향하게 하는 방식으로 할 것을 말하는 것이다.

마지막 자세는, 체중은 왼쪽 발로 90% 이상 이동시키면서 피니시하여야 한다. 바로 이것이 안정감 있는 모습으로 스윙이 마무리되는 것이다. 이렇듯 가장 손쉬우면서도 기본적인 태도는 골프의 기본부터 익히는 것이 필요하다는 것을 말하는 것으로, 아마도 누구라도 공감할 것이다.

기업도 경영을 위한 기본이 있다. 그 기본은 대략 7가지를 들 수 있다.

- 기본과 원칙에 맞는 투명한 경영
- 조직원들이 일하기 좋은 근무 환경 조성
- 변화와 혁신을 통한 지속적인 성장

- 성과를 중시하고 가치를 창조하고자 하는 노력
- 사회 구성원으로의 사회적인 책임 구현
- 자율성을 존중하는 인재 육성
- 연구 개발을 통한 기술 개발

모든 기업의 목적은 이익을 추구함과 동시에 영속성을 유지하는 것이다. 따라서 이 7가지 기본에 대한 성찰은, 기업의 특성과 리더의 역할에 따라 유연하게 이루어져야 한다.

골퍼들도 자신의 스코어 수준에 맞게 스코어 향상을 위한 연습 혹은 훈련 방법이 있듯이, 기업도 역시 도입기, 성장기, 성숙기, 쇠퇴기 등 기업의 라이프 곡선의 위치에 따라 필요로 하는 전략과 전술이 달라야 한다. 그러나 기업가로서의 자세와 리더로서의 역할에 있어서는 경영을 위한 기본을 지키는 것이 중요한 것이다.

골프에서 가장 기본인 룰과 매너에 대한 자세가 어느 것보다 먼저이듯이, 기업도 우선 필요한 부분은 바로 경영의 기본 이론을 갖추는 것이다. 비즈니스 세계에서 '경영의 신'으로 불리는 일본의 마쓰시타 고노스케 회장도 "경영자가 가장 먼저 해야 할 일은 경영의 기본 이념을 갖추는 일이다"라고 했다. 그리고 마쓰시타 고노스케 회장은 "우리 회사는 무엇을 위해 존재하는가?" "어떤 목적을 가지고 있으며, 어떤 방법으로 경영할 것인가?"에 대한 내용을 '경영 이념'이라고 설명했다.

즉 수많은 경험을 통해 얻은 경영 이념의 중요성을 기업가라면 알아야 한다는 것이다. 올바른 경영 이념이 바탕이 되었을 때 비로소 '사람, 기술, 자본'이 어우러져 기업으로서의 존재 가치가 생기는 것이다.

골프도 경영도 기본을 먼저 익히고, 수준과 상황에 맞게 소기의 성과를 얻는 방법을 구사하는 점은 다른 듯하지만 같은 만큼, 내재된 기본을 갖추는 것을 선행하는 기업가가 되는 것이 옳다.

이긴 자가 강한 자다
기업의 목적은 영속성

기업의 최우선 목표는 '이윤 극대화'다. 그러나 그 이면에 존재하는 더 큰 목표는 바로 '영속성'이다. 사실 모든 기업은 사람과 같이 생로병사가 있어 죽음이라는 길을 걷는 것이 사실이다. 다만 그 존속 기간의 차이가 있는 것이기에 영속성은 매우 중요한 과제다.

기업을 경영하면서 망하지 않기 위하여 몸부림을 치는 것은, 전쟁터에서 살아남기 위해 최선을 다하는 군인의 자세와도 같다. 최근 급변하는 경영 환경에서는 경쟁이 점점 더 격해지고 있어 기업의 영속성이 더욱 중요해지고 있는 것이다.

골프도 승부를 내는 운동이다. 골프장에서 수많은 명사와 비즈니스맨, 그리고 지인들과 라운드를 하다 보면 자연스럽게 그 사람의 인격과 성품을 알게 된다. 골프 명언에 "18홀을 같이 돌면 그 사람의 진면목이 나온다"는 표현이 있다. 골프가 매너 운동이라는 건 분명하지만, 그래도 승부에서 이기고 싶은 것은 모두의 욕망이다. 기업의 영속성을 확보하고 싶어하는 것과 같은 맥락이다.

그렇다면 이기는 골프는 어떻게 해야 할까?

좋은 스윙 자세를 갖고 있는 골퍼의 플레이는 대부분 견실한 스코어를 유지한다. 그러나 시원찮은 스윙이라고 얕보았다가는 낭패를 당할 수 있는 것 또한 골프다. 골프에서 흔히들 "보기 좋은 떡이 먹기에도 좋다"고 하지만 절대 불변의 철칙은 아니다.

결점이 많은 골퍼도 그것을 보완하기 위해 더 많은 노력을 기울여 남들과 차별화되는 비장의 무기를 가질 수 있다. 겉으로 보기에 허점투성이 스윙 자세를 가진 사람도 골프를 즐기면서 좋은 스코어를 내는 경우도 많다.

기업도 별 볼일 없어 보이는데 나름의 위상을 유지하는 기업도 보았을 것이고, 별 볼일 없어 보이는 사람이 중요한 자리를 차지하고 있다면 그럴만한 이유가 있는 것을 많이 보았을 것이다. 이렇듯 우리는 때로 겉모양에 속아 엉뚱한 결론을 내리곤 한다.

골프에서 몇 가지를 주의하면 좀 더 좋은 스코어로 경기를 마무리할 수 있다. 우선 장애물은 무조건 피하는 것이 좋다. 해저

이기는 골프의 비법

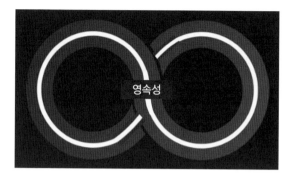
영속성

다양한 노하우

드 혹은 벙커 그리고 OB을 피하기만 해도 스코어는 줄어들 것이다. 우리는 기적을 바라면서 깃대가 벙커 바로 뒤에 있으면 공략을 하는데, 이건 절대 하지 말아야 할 샷이다.

한편 홀을 공략하기 위한 샷을 그릴 때, 해저드와 벙커가 보이면 무조건 돌아가길 권한다. 그리고 핀과의 거리가 60~70야드 이상이라면 직접 공략보다 그린 중앙으로 공이 안착되도록 하면 좋다. 욕심은 금물이다.

홀이 거듭될수록 빨라지는 스윙 템포를 잘 유지하도록 주의해야 한다. 방법은 스윙 연습을 충분히 해서 스트레칭이 된 상태로 자신의 리듬을 찾아서 임하는 것이 좋다. 참을 수 있는 자제력이 있어야 한다. 고수는 치기 전에 그 샷을 준비하고 하수는 치고 나서 안다. 아마추어 골퍼는 치고 나서 후회하는 것이 골프의 생리임을 상기하자.

라운드가 있다면 그날 경기가 벌어질 코스 18홀을 미리 공부하라. 해당 골프장의 18홀을 상상으로 공략하는 시뮬레이션을 하라는 말이다. 상상으로라도 미리 홀을 경험해 보는 것은 홀 공략에 큰 도움을 제공한다. 인터넷을 활용하면 어렵지 않게 할 수 있다.

골프라는 운동도 상대가 있기에 사람과의 경쟁이라고 할 수 있지만, 골프는 나 자신과 홀과의 전쟁이다. 적이 누군가를 명확하게 알아야 전쟁에서 승리할 수 있다. 기업도 경쟁 회사가 적이 아니라 소비자가 누구인가가 중요하듯이 말이다.

라운드를 하다 보면 공략 거리를 대충 계산하는 사람도 많다. 절대 있어서는 안 될 일이다. 거리 계산은 무엇보다도 중요하다. 단 스윙과 연습에 있어서 자신의 평균 거리를 정확히 아는 것이 선행되어야 한다. 거리 계산이 어렵다면 캐디의 조언을 참고하면 좋다.

그리고 공이 날아가는 거리는 물론 굴러갈 거리도 반드시 점검해야 한다. 거리에 대한 대처는 조금 여유롭게 잡고, 100% 잘 맞는 경우는 드물기에 여유롭게 계산하여 클럽을 선택한 다음 접근하는 것이 옳다.

이외에도 절대 서두르지 말고, 자신의 클럽을 몸에 익혀 특화하고, 날씨도 살펴 준비하는 자세를 갖춰야 한다. 즉 나름의 노하우를 몸에 배도록 장착하면 좋은 스코어의 밑거름이 되고, 자연스럽게 기량도 늘고 스코어도 줄어들게 될 것이다.

결국 기업도 이 같은 다양한 자신만의 방법으로 지속 가능한 기업이 되도록 차별적 가치를 창출하는 방향성을 효과적으로 추진하여야 한다.

대표적으로 지속 가능한 상품 개발, 효율성이 내재된 가치사슬value chain의 구축이 특히 중요하다. 이를 효과적으로 추진하는 방안은 효율적인 운영체계, 즉 시스템이 선행되어야 한다. 즉 명확한 전략과 이를 실행에 옮길 수 있는 조직의 구축을 말하는 것이다. 정해진 목표에 맞춰 회사 전체적인 입장에서 지속 가능한 실천을 해 나가야 하는 것이다. 더불어 기업의 영속성을 위한 조직의 살아 있는 기업문화도 중요하다. 조직문화가 죽어 있다는 것은 몸은 살아 있어도 정신이나 영혼이 없는 것이어서 식물조직과 같은 것이다.

영속성을 위한 당신의 노력은 겉으로 보이는 모습이 아니고, 진정 이기는 골프와 같이 기업만의 다양한 노하우로 무장하는 것이 필요하다.

힘든 코스에서도 다음 상황을 생각하라
미래를 위한 노력

우리는 언제라도 실수할 수 있다. 그러나 실수를 반복하지 말아야 한다. 실수가 반복되면 징크스가 되고, 징크스는 실수를 유발하는 원인이 되기도 한다.

이러한 경우를 극복하는 것은 정말 중요하다. 골퍼들은 누구나 자신만의 징크스가 있을 것이다. 이를 극복하는 방법 혹은 만들지 않는 방법을 고민해 보자.

먼저 시발점이 되는 실수를 줄이는 방법부터 살펴보자. 실수는 누구나 할 수 있다. 그런데 실수에 대해서 누군가는 화를 내기도 하고, 누군가는 화를 다스리기도 한다. 어쩌다 자신이 생각한 스윙이 나오지 않아 어느 홀에서 크게 실수하여 점수가 나쁘더라도, 그 홀을 떠날 때는 잊어버려야 한다. 그래야 화로 인해 그날의 스코어가 엉망이 되는 것을 막을 수 있다. 스스로 화를 잘 조절해야 승자가 될 스코어를 기록한다는 사실을 잊지 말고 마음의 평정을 유지해야 한다.

라운드가 끝난 뒤에는 잘 친 샷은 잊고 실패한 샷은 분석하여 드라이빙 레인지에 가서 그날의 부족한 점을 보완해야 한다.

골퍼들이 갖는 징크스가 동반 플레이어라면 그 사람과 라운드를 피하는 것으로 해결하면 되지만, 코스를 통해 발생한 거라면 그건 피하기 어렵다. 그럴 경우에는 생각의 전환으로 코스 징크스를 피할 수 있도록 하는 것이 좋다.

누구나 좋아하는 골프장과 꺼려지는 골프장이 있다. 누가 아무리 칭찬을 해도 이상하리만치 꺼려지는 골프장도 있을 것이다. 이런 경우 경기를 망쳤던 실수가 떠오르면, 좋은 스코어를 내던 골퍼도 징크스가 발동하여 엉뚱한 스코어를 받는 경우를 자주 보곤 한다.

골프는 어느 스포츠보다도 공간에서 자신과의 싸움이 빈번하게 일어나는 운동이다. 이로 인해 스코어에 대한 심리적 압박감과 정신적 스트레스 강도가 높아진다. 그래서 알게 모르게 징크스를 받아들이는 경우가 있다.

이러한 징크스의 실체는 무엇일까?

그것은 결과의 필연적인 전조로 나쁜 일이 거듭 발생할 때 갖게 되는 불길한 예감을 말한다. 누구에게라도 이런 불길한 예감은 여러 형태로 존재한다. 그런데 그 징크스의 원인을 규명해 보면 쓸데없이 갖게 된 우연의 일치, 즉 그로 인한 학습 효과가 대부분이다. 따라서 얼마든지 극복할 수 있는 것이다.

하지만 우리는 원인을 알 수 없는 결과를 받아들이지 못하는 습성이 있기에, 어떻게든 원인을 만들어 내려고 무의식적인 작동이 발동된다. 이것은 서로 아무런 연관성이 없는 원인에서 비롯된 결과 관계가 진실처럼 인식되어, 이에 대해 믿음과 확신을 갖게 되고 결국 극복하기 힘든 징크스가 되는 것이다.

왜 이전 홀까지 잘 치다가 그 홀에서 무너지는 것일까? 체력 저하인가, 아니면 집중력 부족인가? 둘 다 틀린 말은 아니지만, 더 정확한 이유는 심리적 징크스가 최악의 상황을 만드는 것이다.

그래서 이런 말도 안 되는 원인에서 비롯된 징크스를 처음부터 만들지 않는 것이 중요하다.

이런 징크스를 갖지 않기 위해서는 첫째, 준비에 최선을 다하고 둘째, 라운드와 훈련에 부족함이 없어야 하고 셋째, 컨디션을 최상으로 유지하고 넷째, 자신감을 가질 것을 권한다.

코스에서의 거리 욕심과 고정관념을 버리면 그만큼 좋은 결과가 나온다. '안 되면 될 때까지'라는 생각도 좋지만, 골프 코스에서는 피할 수 있는 여유를 갖기 바란다.

경영에 이 이야기를 대입해 보면 어떨까?

'기업 30년'이라는 말이 있다. 기업에도 수명이 있어 사람과 같이 시간적 제약에 의해 필연적으로 그 수명을 다한다는 것이다. 과연 이 통념은 모두 적용되는 징크스인가? 이를 극복하고 지속 생존이 가능한 기업이 되기 위한 조건은 무엇일까?

이것도 골프의 징크스 탈출과 다르지 않다.

첫 번째는 무엇보다도 현재 기업이 가지고 있는 우위성을 강화하는 것이다. 현재의 성공을 유지하고 발전시키기 위해, 사업 영역의 제품이나 프로세스에 대해 계속적이면서도 점진적인 혁신 활동을 반복해야 한다. 그러면 기존의 능력은 발전을 보이고 점차 심화시킬 수 있다. 이것은 기본적인 준비가 잘 되어야 골프 라운드에서 징크스를 만드는 실수를 줄이는 길이고, 그 실수가 반복되어 징크스가 되는 것을 방지하는 것과 같은 이치다. 기업은 이익을 계속 창출하지 못하면 생존할 수 없는 존재다.

두 번째는 자신감을 갖고 새로운 우위성을 개발하는 것이다. 현재 기반이 되는 기본적인 우위성을 살리는 것뿐만 아니라, 고객의 기대를 채워 줄 새로울 기회나 방법을 적극적으로 발견하여야 한다.

세 번째는 조직의 유연성을 확보하여야 한다. 이는 몸의 컨디션을 최상으로 유지하는 것과 같다. 유연성 있는 몸을 만들어야 스윙도 무리 없이 이루어지듯 기업도 이와 같은 유연성 확보가 무엇보다도 중요하다. 새로운 우위성의 개발에는 불확실성이 크고, 방향성에 대해 조직 전체의 의견 일치를 구할 수는 없다.

따라서 조직의 유연성을 확보하지 못하면 미래의 먹거리라는 과제는 좌절할 가능성이 커지고, 새로운 수요를 창출할 수 있는 찬스를 잃어버릴 수도 있다.

성공한 기업과 그렇지 않은 기업의 차이는 그렇게 크지 않다. 기업 경영에 있어서 현장에 맞는 강점과 징크스를 만들지 않는 유연함이 그 차이를 만들어내는 것이다. 기업 경영에 실패하는 이유는, 성공이라는 좋은 징크스를 경험하지 못하고 나쁜 징크스를 양산하는 것일 수 있다.

굳이 징크스를 만들어 어려운 가시밭길을 걸을 필요는 없다.

스코어가 좋을 때 방심하면 안 된다
유비무환의 자세

"공은 얼마나 치나요?" 혹은 "공은 몇 개나 치세요?" 골프를 하는 경우라면 흔히 하는 질문이다. 이때 대다수 골퍼들은 실제 자기 실력보다 조금 차이가 나는 스코어를 말하곤 한다. 어떤 이는 조금 낮게, 또 어떤 이는 높게 대답한다. 그럼에도 대부분 조금 낮은 스코어로 자신의 실력을 과시한다.

밥 아런스라는 사람은 골프 스코어에 대해 이렇게 말했다.

"골퍼는 두 개의 핸디캡을 갖는다. 자랑하기 위한 핸디캡과 내기 할 때 쓰는 핸디캡."

이 말은 많은 골퍼들이 공감하는 이야기다.

같이 라운드를 자주 하는 사이라면 최근의 스코어를 활용하여 평균 타수를 이야기할 것이다. 그러나 잘 모르는 사이에 라운드를 하는 경우, 승부욕이 강한 사람은 조금 높게 이야기하여 좀 더 유리한 고지를 점하려 할 것이고, 뽐내는 것을 좋아하는 사람은 스코어를 낮게 불러 상대방을 긴장시키기도 한다. 그러나 대부분 과시 또는 기죽기 싫어서 조금 낮은 스코어를 말하는 경우가 많다.

간혹 플레이를 하다 보면 정말 잘 되는 날이 있다. 그날은 그린 주변의 칩 샷이 홀로 그대로 빨려 들어가 버디를 기록하기도 한다. 하지만 그런 날보다 멋진 티샷을 날렸는데도 공이 페어웨이 사이에 좋지 않은 곳에 놓이게 되어, 다음 타가 엉망이 되는 경우가 더 많이 발생한다. 또 홀컵에 잘 붙여 놓고도 마무리 퍼팅이 잘 안 되어 두 번 세 번 하는 경우도 있다. 드라이버가 좋아서, 오늘은 컨디션이 좋으니 아이언도 좋을 거라 생각하고 스윙을 하였으나 엉뚱한 궤적으로 당혹스럽게 하는 날도 있다. 또 퍼팅을 엉망으로 마무리하는 경우도 있다.

그러나 스코어는 연습의 결과이므로 얼마 지나지 않아 평소 본인의 실력대로 나타난다. 사실 매 홀마다 정성을 다해 친다고는 하지만, 지속적으로 좋은 상태를 유지하는 것은 불가능하다. 오죽하면 골프를 멘탈 운동이라고 하겠는가!

사실 골프를 즐기려면 어떤 스코어든 라운드 하는 이들에게 폐를 끼치지 않는 정도라면 웃을 수 있는 여유가 필요하다. 그러나 쉽지는 않다. 골프 스코어는 아무것도 아닐 수 있으나 간혹 중압감을 주는 경우가 있어, 평소 자신의 스코어를 이야기하는 것이 좋다. 그래야 동반자들을 당황하게 하는 일이 없을 것이다.

여기서 유비무환이라는 고사성어가 떠오른다. 사실 골프를 치는 목적은 친목을 도모하기 위한 것이므로, 라운드 이후 돈독한 관계를 유지하려면 경영에 있어 시장에서의 평가를 받는 것과도 같다고 생각한다. 어떠한 상황에서도 준비된 상태로 자기 자신을 나타낼 수 있어야 한다. 바로 이 대목에서 유비무환을 생각하며 무슨 일이 벌어지기 전에 철저한 준비를 하라는 의미다.

기업을 경영하면서 리더들은 종종 자금 흐름에 어려움을 겪기도 한다. 이 자금의 흐름, 즉 돈의 움직임을 살펴보는 것은 사업에서 가장 기본이다.

가계는 노동을 통해 임금을 받고 소비활동을 하며, 기업은 금융권을 통해 차입한 자금으로 투자를 하여 재화와 서비스를 생산하는 데 사용한다.

그렇다면 작은 기업의 자금 흐름에 대해 어떤 자세를 가져야 할까? 작은 기업은 대기업처럼 금융권을 통한 조달이 수월하지는 않다. 따라서 작은 기업은 특히 자금 흐름에 관심을 가져야 한다. 자금 조달은 일차적으로는 금융권을 이용하는 것이 바람직하다. 다만, 그에 따른 보증이나 담보 등으로부터 자유롭지 못한 경우가 있으므로 다양한 경험 혹은 조달 창구를 확보하는 것이 중요하다.

가장 쉬운 방법은 3F다. 가족Family, 친구Friend, 어리석은 투자자Foolish Investor다. 세 번째 언급한 어리석은 투자자는 역설적으로 누구도 투자는 수월하지 않기에 넣은 것이니 감안하기 바란다.

기업의 현금 보유는 다양한 각도에서 그에 따른 편익과 비용을 감안하여 의사 결정을 해야 한다. 기업별로 그에 대한 편익과 그에 따른 비용의 내용이 달라, 이를 현명하게 딱 떨어지게 알려 줄 묘수는 없다. 기업별로 현금 보유에 대한 효율적 관리만이 유일한 해답이다. 바로 이 부분이 유비무환이라는 내용과 연동이 되는 지점이다.

골프 스코어도 나름의 고민과 실력 그리고 상황에 따라 표현하는 것이므로, 기업의 자금 문제는 그 누구도 답을 대신해 줄 수 없다. 다만, 내가 경험한 바를 간단하게 제시해 보겠다.

나는 물류 서비스를 하다 보니 시간을 다투는 일이 자주 발생한다. 또 국외 간 거래는 반드시 결제가 동반된다. 따라서 물류 수급 시간과 결제는 항상 동시에 발생한다. 그런데 나의 클라이언트들은 그렇지 않은 경우가 많다. 대부분 그들의 내부 사정 때문에 그런 것이다. 그럼에도 을의 입장인 나는 시간을 다투는 일이기에 필연코 자금에 대한 문제가 생기고, 즉 순간적인 흑자 도산 상태가 되는 경우가 발생한다.

이럴 경우를 대비하여 새로운 거래선이 확보될 때는 특히 결제에 유념하여 거래를 할지 말지를 결정한다. 앞서 언급한 것처럼 결제에 대한 시간 차이가 발생하면 어쩔 수 없이 골탕을 먹게 된다. 이런 경우를 피해가는 방법은 매 시점 별로 자금 흐름을 예측해 보는 수밖에 없다. 그래야 자금을 운용할 수 있는 여유 시간을 확보할 수 있고, 그 확보한 시간은 어느 정도인지, 또 그 규모는 어느 정도인지도 알 수 있다.

자금 조달에 있어 작은 기업의 왕도는 별것 없다. 우선 신경을 써야 할 부분은 자금의 원활한 조달보다는 현재 가용 자금을 정확하게 파악하는 것이 먼저다. 그다음 거래선 별로 결제 시점에 따른 자금의 흐름이고, 사용할 목적에 맞는 시점의 파악이다. 그 흐름의 차이를 감안하여 가용 자금의 규모를 파악하여야 대처할 수 있다. 바로 이 지점에서 유비무환이 필요하다.

이때를 파악한 연후에 대응 시나리오를 통해 이를 해결할 다양한 솔루션을 확보하여야 한다. 플랜 A, 플랜 B, 플랜 C까지 시뮬레이션하여 자금에 대한 누수는 물론, 필요한 시점에 어긋나지 않도록 세심하게 준비해야 한다. 이런 준비 아래 긴급 자금에 대한 조달 네트워크를 포함한 다양한 솔루션을 갖추어야 한다.

기업을 하는 사람으로서 흑자 도산이라는 황당한 상황에 놓이지 않기를 바란다.

골프에서 경영 전략을 배우다

Chapter 02

위기에서 빛나는
리더십

머리는 스윙 균형의 중심이다.
머리가 움직이면 균형도, 스윙의 아크도,
몸의 동작도, 그리고 타이밍까지 바뀐다.
– 맥 그라우트

19번째 홀이 알려주는 끝나지 않은 승부
리더에 대한 다양한 시각

골프는 동료애와 유대감을 쌓을 수 있는 가장 좋은 스포츠 중의 하나다. 자연 속에서 18홀을 다 돌고 나면 클럽하우스의 식당 등에서 동료들과 뒤풀이 자리를 갖곤 한다. 대부분 그날 라운드에서 나온 롱기스트 샷, 베스트 샷, 가장 안타까웠던 샷, 엉뚱한 샷 등이 화제에 오른다.

골프에 관한 이야기 중에 미국 아이젠하워 대통령의 말이 생각난다.

"골프 코스에서 한 라운드는 18홀이지만, 완벽한 18홀은 19번 홀에서 끝난다."

물론 이 말은 그가 사람들과 친분을 나누는 자리를 좋아하여 한 것이지만, 골프를 사랑하는 입장에서 곱씹어 볼 만하다.

우리가 알고 있는 골프는 18홀이고, 19번 홀은 골프장에서 정규 18홀 외에 추가로 이벤트 홀을 만들어 운영하는 경우가 있다. 또 스크린 골프에서 특정 업체가 특허로 19번 홀을 보너스 홀로 신청하여 법원까지 간 사례도 있다. 물론 이 특허에 관한 법원의 심판은 특허로 인정하지 않는 것으로 결론이 났다.

그러나 골프장에서의 '19번 홀'이란 클럽하우스 식당이나 라운드를 마친 다음 뒤풀이를 의미하기도 한다. 이 19번 홀은 골프를 통한 유대감과 친밀감을 극대화하는 자리인 것이다.

그런데 이 19번 홀에서도 필요한 예의가 있다. 골프에서와 같이 남을 배려하고 선을 넘지 않아야 한다. 그 선이라는 것은 자신의 종교 혹은 정치 이념을 강요해서는 안 되고, 돈 자랑 등은 금기 사항이다.

이 자리에서는 정말 많은 대화를 통해 교분도 쌓고, 고민과 사업 이야기도 나누고, 혹시 오해로 얼룩진 관계도 풀게 된다. 바로 이 자리가 사업을 하는 사람들이 골프를 즐기는 중요한 매력 포인트다. 라운드를 마치고 19번 홀을 엉뚱한 상상을 발휘하는 자리로 사용하는 것은 정말로 부적절하다.

18번 홀까지는 긴장과 스릴, 낙담과 쾌감이 교차되는 플레이를 한다. 그런데 19번 홀에서는 아웃오브바운즈OB도 없고, 해저드의 공포에서 해방되며, 깊은 러프나 항아리 벙커도 없으며, 엄격한 골프 룰도 적용되지 않는다. 그래서 골퍼들의 정신적 낙원으로 사용하여야 한다. 또한 동반자들의 진면목을 볼 수 있는 자리다. 즉 이 지점이 리더들을 바라보는 눈 혹은 평가가 이루어지는 지점과도 통한다.

리더의 자리는 보는 눈이 많다. 굳이 고용과 피고용의 관계가 아니어도 관계 있는 사람이라면 모두 각자의 눈으로 바라본다. 어쩔 수 없이 평가라는 과정이 뒤따를 수밖에 없다. 우리나라는 구성원들의 업무 형태로 평가가 이루어지는 경우가 많다.

기업에서의 평가는 과거에는 조직에 맹목적으로 충성하는 사람이 좋은 평가를 받았다. 상사의 지시를 잘 따르고, 위에서 시키는 일을 잘하는 사람이 좋은 평가를 받고 평생 고용도 보장받던 시기가 있었다. 일종의 줄 세우기 평가인 순위를 매기는 형태였다. 인사상의 이득이나 보상을 위한 도구로서의 평가가 많았다.

그러나 21세기에 들어 평가의 본질적인 개념이 달라졌다. 즉 평가의 본질이 달라진 것이다. 순위를 매기고 줄 세우기 하는 평가가 아니다. 개인의 성장과 개선을 위한 일종의 리뷰 개념이 강하게 들어가 있다. 이로 인해 상사에 대한 평가, 교수에 대한 평가, 리더에 대한 평가 등이 새롭게 등장했다. 언제부터인가 리더도 평가를 받아들여야 하는 자리가 된 것이다.

리더라는 자리는 대략 3가지 관점에서 평가를 받는다.

첫째, 조직을 이끌고 있는 방향과 목표에 대한 비전이다.

둘째, 조직원들과의 소통이 가능한 리더인지, 아니면 그들을 단지 도구로 활용하는 한 방향 리더인가 여부다.

셋째, 통찰력을 가지고 진행 목표에 대한 방향 설정과 구현 가능성의 여부다.

즉 조직을 이끄는 리더는 추상적이지 않고 지엽적이지도 않은 구체적이고 명확한 비전이 있어야 한다. 주변의 인재를 포용하면서 그들에게 제시하는 메시지가 명확해야 한다. 또한 구체적으로 누구든 공감하고 당연히 따르게 하는 방향타가 되어야 한다.

그리고 리더라면 조직을 구성하는 모든 이들과의 소통에 적극적이고 능동적인 의지를 지니고 있어야 한다. 이는 자연스럽게 쌍방향 소통을 통해 언로言路를 열어 놓은 리더가 되어야 한다. 리더 자신만의 이익이 아닌, 구성원 모두 혜택을 누릴 수 있도록 투명하고 공정한 평가를 할 수 있어야 한다. 더불어 이에 대한 실행도, 소통이 있는 행동과 함께하는 리더가 되어야 하는 것이다.

또한 제시한 방향과 목표를 위하여 이를 실현하는 추진력이 뒷받침되어야 한다. 허무맹랑한 황당한 도전이 아니라, 보유하고 있는 자원을 모두 활용해야 한다. 그리고 모든 자원을 잘 조직하고 구성하여 현실적인 해결책을 내놓는 능력 있는 리더가 되어야 한다.

이러한 총체적인 리더십을 구현한 과거 페르시아 대제국을 이끌던 키루스 대왕의 지혜를 되돌아볼 필요가 있다. 키루스 대왕의 탁월한 리더십은 별도 연구를 통해 논문을 포함한 여러 방면에서 다루고 있을 정도다. 그의 다양하고 심도 있는 리더십은 《군주론》으로 유명한 마키아벨리도 참고할 정도로 많은 가르침을 준다.

키루스 대왕은 뒤따르는 사람들이 군주의 뒷모습을 본다는 사실을 늘 마음에 새기고 있었다. '비너스 효과'는 비너스처럼 예쁘고 잘생긴 사람을 더 적극적으로 모방한다는 가설이다. 그리고 본인의 관점과 다른 사람의 관점이 다르다는 것을 말하는 이론이기도 하다. "우리는 거울 앞에서 얼굴과 앞모습을 보지만 다른 사람들은 내가 보지 못하는 나의 모습까지도 지켜보고 있다"는 사실을 키루스 대왕은 누구보다도 잘 알고 있었던 것이다.

리더라면 키루스 대왕이 늘 조심한 이 부분을 잊어서는 안 된다. 키루스 대왕은 자신이 내린 명령을 스스로 행동으로 모범을 보였다. 추종자들이 자신을 믿고 의지하고 따를 수 있도록 행동한 것이다.

바로 이 점을 통하여 리더의 솔선수범하는 자세를, 앞에서 이야기한 골프의 19번 홀과도 같은 역할을 한다는 것을 잊어서는 안 된다.

연습장의 외로움은 스코어로 나타난다
골프와 리더십의 기본은 같다

골프라는 운동은 참으로 신기하다. 그 이유는 필드에서 라운드를 하면 할수록 아쉬운 점과 부족한 점이 항상 드러나기 때문이다. 그런 상황이 오면 대부분 크게 실수한 것에 너무 몰두한 나머지 그날의 경기를 망치는 경우도 있다.

이럴 때 나타내는 현상은 두 가지 중 하나다. 먼저, 실수를 반복하지 않기 위해 집중적으로 노력한다. 또 하나는, 아예 그 부분을 외면해 버리고 잊기 위해 노력한다.

그런데 이 두 가지 방안은 모두 틀린 처방이다. 라운드에서 일어난 상황을 없애는 방법은 바로 기본기를 다시 한번 점검하는 것이 가장 좋다. 골프하는 사람들이 다 알고 있는 것은 바로 '기본이 골프의 99%'라는 사실이다.

바로 이 지점이 골프와 리더십의 유사점이다. 비즈니스 하는 사람들에게 골프를 권하는 이유 중의 하나다. 바로 기초가 중요하다는 사실이 그 기반이 되기 때문이다.

리더의 기본 자질은 정말 중요하다. 당연히 골프도 기초를 잘 닦아 놓지 않으면 고치는 것이 정말 하늘의 별을 따는 것만큼 어려운 일이다. 충분히 기초를 닦지 않고 필드에 나간다는 것은 잘못된 습관의 전초가 되는 것이다.

많은 사람들이 자기 운동 신경만 믿고 골프를 시작하면서 무모하게 혹은 과감하게 연습장에서 기초도 없이 필드에 나가는 경우가 종종 있다. 때론 필드에서 공이 잘 맞아 연습장에서의 연습은 건너뛰고 라운드로 직행하려는 경우가 있다. 정말 말리고 싶은 행동이고 자세다.

이 세상에는 지속적으로 나타나는 행운은 없다. 한두 번 행운이 지속되지 않아 자연스럽게 골프채와 공을 멀리하는 상황을 초래하게 될 것이다. 다시 마음을 다잡고 골프를 시작한다 해도 과거의 습관은 쉽게 고쳐지지 않는다.

이 세상 모든 일들이 그러하듯 기지도 못하면서 달릴 수는 없는 것이다. 특히 골프는 더욱 그렇다. 골프에서 가장 중요한 건 바로 기본을 다지는 것이다. 연습장에서부터 제대로 된 코칭을 받아야 하고, 끊임없는 노력을 통한 반복 연습만이 스코어를 보장해 주는 첫걸음이다.

모든 프로 선수에게 물어봐도 같은 대답일 것이다. 각종 대회에서 우승하는 선수들도 연습장에서 늘 기초를 다잡는 연습부터 시작한다. 연습장만이 기초를 다지기에 가장 좋은 장소다.

헤드업이 되지 않도록 하는 연습, 스윙을 할 경우 자연스러운 스로우가 나오도록 자세를 다잡는 연습을 하루도 거르지 않아야 한다. 필자 또한 연습을 게을리하지 않으며, 아들이 프로 선수이기에 잘 알고 있다. 그렇게 해서 기본기가 자연스럽게 몸에 배는 것이 바로 필드에서 스코어로 나타나는 것이다. 습관이 몸에 배었을 때 비로소 필드에서 제대로 된 결과가 나온다.

이러한 골프 스코어의 성공을 리더십에서의 성공으로 치환해 보자. 리더십의 기본은 무엇일까?

작은 기업을 이끌면서 경영학 석사 공부를 하고 보니, 리더의 기본은 바로 '리더란 무엇이고 누구인가?'라는 문제 인식에서부터 시작해야 한다고 생각한다. 리더는 끊임없이 자신이 목표한 바를 알아가는 노력과, 그 노력을 위하여 늘 받아들 수 있는 열린 자세를 지녀야 한다. 즉 '배움이 멈추면 리더의 자리는 포기해야 한다'는 자세가 가장 중요한 기본이다.

그럼 올바른 리더십을 발휘하는 데 필요한 성품과 태도, 자세를 구체적으로 살펴보자.

첫 번째 태도는 바로 올바른 인격과 성품을 갖추어야 한다. 이러한 인격과 성품은 자연스럽게 일에 대한 열정과 조직에 대한 배려로 나타나게 되고, 이는 목표에 대한 자신감도 충만하게 한다.

리더의 열정은 곧 조직 구성원들에게 열정을 전이시켜 한 방향 한뜻으로 모으게 된다. 이는 자연스럽게 리더가 얻고자 하는 성과와도 연동된다.

성과를 창출하는 능력은 리더가 갖추어야 할 능력이다. 끊임없이 배움에 대한 열정과 지적 능력을 바탕으로 문제 해결 능력, 그리고 그때그때 필요한 의사 결정 능력을 키워 나가야 한다. 그리고 리더와 구성원들과의 커뮤니케이션 능력도 구축되어야 한다. 그래야 한 방향의 시너지를 창출해 낼 수 있다.

이 시너지는 구성원들과의 상호 관계를 보다 공고히 하고, 이는 조직원들의 참여와 높은 성과로 이어진다.

선순환을 통한 관계 증진도 자연스럽게 구축되어, 리더 혼자만의 능력이 아닌 조직 구성원들의 잠재력도 자연스럽게 폭발이 이루어지게 될 것이다. 이를 잘 활용하여 새로운 도약을 이끌어 내야만 한다.

아무도 거들떠보지 않을 때 연습장에서 홀로 골프채와 씨름하며 기본기를 몸에 배게 하는 자세와 늘 스스로를 다잡는 배움의 열정은 대동소이하다.

연습장에서 충분한 기초 연습 없이, 즉 기본 다잡기가 없는 골퍼의 스코어는 뻔하다. 리더도 스스로의 열정과 배움 없이 목표 달성을 향해 발을 내딛는 것 역시 실패라는 스코어로 나타날 수밖에 없다.

리더들이 실패하는 첫 번째 원인이 바로 충분한 기초 연습 없이, 홀로 외로운 노력 없이 '경쟁이라는 필드'로 나간다는 사실이다. 그리고 형편없는 성적표를 들고 후회하는 것이 현실이다.

골프라는 운동을 통하여 다시 한 번 '기본에 충실하자'는 경구를 되새겨본다.

골프장의 바람은 누구도 비켜갈 수 없다
조직의 유연함과 리더십

요즘 자연이 우리 삶에 매우 중요한 요소라는 인식을 갖게 하는 골프장이 많아진 것은 반가운 일이다. 그런데 자연과 함께하는 골프에서 바람風은 누구도 어떻게 하지 못하는 가장 크고 어려운 요소다.

유명 골프 선수가 그날의 필드 컨디션을 체크하면서 바람의 방향과 세기를 측정하기 위해 '잔디를 한 움큼 잡아 바람에 날리는chuck's grass into the air' 광경을 보기도 하고 라운드를 하면서 경험도 해 봤을 것이다.

골퍼에게 바람은 스코어에 지대한 영향을 주는 강력한 암초임이 틀림없다. 특히 바람이 시시각각 변하는 날은 말로 표현할 수 없을 정도로 스코어에 영향을 미친다. 이런 경우 정석대로 공을 치면 스코어를 망치기 십상이다. 이럴 때는 격랑 속에서 안전하게 배를 이끄는 일등 항해사같이 바람에 알맞은 클럽과 구질을 선택하는 것이 절대적으로 필요하다.

그렇다면 바람에 대하여 실질적인 해결 방법은 무엇인지 살펴보자. 바람은 순풍도 있고 역풍도 있다. 먼저 초보자라면 바람에 맞서기보다 순응하는 것도 좋은 방법이다. 평소에 본인이 익힌 스윙 리듬을 바람과 상관없이 자연스럽게 그대로 유지하는 것이 중요한 포인트다. 바람이 불면 일단 자신감이 떨어지고 스스로 위축되는 것을 느낄 것이다.

"머리는 스윙 균형의 중심이다. 머리가 움직이면 균형도, 스윙의 아크도, 몸의 동작도, 그리고 타이밍까지 바뀐다"는 말이 있다. 이것은 골프의 각종 동작에 대한 기본적인 자세다.

바람의 강도가 점차 강해지면 몸이 경직되어 어드레스부터 균형 감각을 잃지 않기 위해 자신도 모르게 더욱 힘을 주어 샷을 구사하게 된다. 결과는 보나마나다. 차라리 바람의 세기를 나름대로 가늠하여 골프채를 선택하고, 바람을 감안한 목표물에 대한 오조준으로 바람을 올라타는 방법을 택하는 것이 좋다.

샷을 할 때도 같은 방식을 적용하면 된다. 몸이 경직된 상태로 공을 치는 것보다 강하게 한다면 뒤땅을 치거나 토핑을 야기할 수밖에 없다. 바람이 강하면 조금 짧게 치거나, 아이언을 평소와는 달리 조금 짧거나 긴 골프채를 사용하는 것도 좋은 방법이다. 인위적으로 강도를 조절하려는 행동은 절대 금물이다. 본 샷을 하기 전에 평소 몸에 밴 스윙을 기억하여, 몸 전체뿐만 아니라 손목도 풀어준다면 평소 스윙의 일관성을 가질 수 있다. 또한 이를 구현하는 것에 주안점을 두는 자세로 접근하여야 한다.

순풍일 때는 좋은 점도 있다. 자연스럽게 바람의 도움으로 비거리가 평소보다 조금이라도 더 멀리 가는 것을 알 수 있을 것이다. 멀리 가는 비거리는 좋기도 하지만, 공이 그린에 안착한 순간부터는 순풍이 또 다른 커다란 난관이 될 수도 있다.

이유는 그린에서는 적당한 지점에서 멈출 수 있는 샷이 정말 중요하다. 그런데 바람으로 인해 런 현상이 나타나기도 하기 때문이다. 그린에서는 자신이 좋아하는 지점을 마음속에 정한 뒤에 조금 못 미치는 거리를 목표로 조준하여야 한다. 스핀을 걸 수 있는 힘이 바람 때문에 부족해질 수 있음을 감안하여 공략하라는 말이다.

비거리 증대로 효과를 볼 기회는, 특히 그린으로 가는 경로에 벙커나 해저드 등 장애물이 있을 때임을 잊지 말고 활용하는 것도 좋으니 과감하게 시도해 보자. 이때 세심하게 주의할 지점은, 탄도를 높이기보다는 평소의 티 높이보다 조금 높은 위치를 확보한다면 자연스럽게 탄도가 평소처럼 유지되는 효과를 얻을 수 있을 것이다.

가장 어려운 상황인 역풍에 대해서도 알아보자. 바람을 잡기 위하여 힘 대 힘으로 맞서는 것은 절대 금물이다. 강한 샷은 사이드 스핀이 일어날 확률이 높고, 공의 비행 궤적이 평소와는 달리 갈 확률이 너무도 높아지기 때문이다. 골프채의 선택에 좀 더 자유로운 상상력을 발휘하는 것도 좋고, 하이브리드나 페어웨이 우드를 평소보다 짧게 잡는 것도 좋은 방법이다.

골프의 본고장인 스코틀랜드에 "A smooth wind never made a skillful golfer. 부드러운 바람은 결코 훌륭한 기술을 지닌 골퍼를 만들지 못한다"는 속담이 있다. 바람과 친해져야만 정말로 좋은 샷을 구사하는 골퍼가 된다. 바람에 너무 거부감을 갖지 말기 바란다.

유명 선수들처럼 잔디를 날리는 방법으로 바람의 강도와 풍향을 알 수 있다. 또한 주변 나뭇잎의 흔들림을 관찰하는 것도 좋고, 연못의 물결 방향을 살펴보는 방법도 있다.

결국 바람 없는 날만 골프를 칠 수도 없기에 바람에 대해 보다 유연한 자세를 지녀야 한다. 유연함 속에서 바람의 방향과 강도를 활용하듯, 경영에 있어 리더가 유연한 자세를 견지하는 것은 골프장의 스코어 경쟁보다 치열한 경영 전쟁에서 꼭 필요한 것이다.

조직의 유연함은 특히 작은 회사일수록 정말 중요한 문제다. 독일 레겐스부르크대학의 심리학자인 케르세틴 프레버와 제신 그레이스 바흐 교수는 유연함과 조직에게 제공하는 보상에 관한 연구를 진행했다. 그 결과 조직원들은 기대되는 보상의 크기에 따라, 그리고 부여하는 순차에 따라 전혀 다른 행동이 일어난다는 사실을 밝혀냈다.

즉 보상이 점차 확대될 것이라는 기대감을 제공하면 추진하는 일에 훨씬 더 큰 성과를 창출할 수 있을 거라는 기대가 높아진다는 사실이다. 이로 인해 일의 변환 혹은 전환 등의 새로운 국면에 대한 거부감이 최소화되는데, 결국 조직의 유연함flexibility이 중요하다는 점이다.

멀티플레이어가 절대적으로 필요한 작은 기업에서 유연함은 더욱 중요하다. 특히 21세기에 필요한 인재의 새로운 핵심 요소로 창의와 혁신 외에도 유연성이 중요한 요소임을 기억하자.

불확실성이 높은 경영 환경에서는 생존과 발전을 위하여 유연함이 정말 중요한 포인트다.

유명한 경영 구루였던 GE의 최고경영자 잭 웰치는 "관료적 조직에서는 직원들이 상사에게는 얼굴을, 고객에게는 엉덩이를 내밀게 된다"고 했다. 우리는 이를 주목하여야 한다. 고객 중심의 시장에서 고객과의 접점에 있는 현장 직원들부터 중간관리자와 최고경영자들의 얼굴과 시선은 고객이 있는 방향으로 향해야만 한다.

끊임없이 변화하는 고객 중심 시장에서의 요구와 높은 불확실성으로 대변되는 환경이 지배하는 세상이다. 그런 환경 속에서는 유연함과 외부 지향적 자세를 바탕으로 효과적으로 대응하여야만 한다. 이를 위해 유연함은 내부 역량으로 필수이고, 이것은 바로 성공하는 조직의 핵심 역량으로 장착되어야 할 것이다.

한편 지식 정보화 시대에 조직의 핵심 역량이 될 가능성이 가장 높은 자원은 바로 사람이다. 새로운 경영 시스템은 조직 내 인적자원을 핵심 역량화하여야 한다. 그래야만 무한경쟁과 불확실성이 높은 경영 환경을 헤쳐 나갈 수 있다.

내가 선택한 방법은 많은 부분의 권한을 이양함으로써 직원들로 하여금 스스로 주인의식과 유연한 대처 방식을 갖게 하는 것이었다. 그러나 사실 제대로 적용되고 작동되는 것은 쉽지 않은 것 같다. 그래도 해야만 한다. 100을 얻기 위함이 아니라 다만 10을 얻더라도 하는 것이 좋다.

"바다를 건너려면 바다에 뛰어들어야 한다"는 중남미 속담이 있다. 마음에 들지 않는 상황이 있더라도, 조직의 유연함을 조금씩 확대해 나가기 위하여 늘 노력하는 자세가 필요한 것이다.

훌륭한 비거리, 승부는 끝나지 않았다
위기 관리의 중요성

"딱!"

"나이스 샷!"

모두 손뼉을 치고 난리가 난다. 티샷의 호쾌한 궤적이 페어웨이를 따라 세컨드 샷 지점으로 날아간다. 어깨가 으쓱하고 발걸음이 위풍당당하다. 롱기스트 상은 따 놓은 당상이다.

그런데 세컨드 샷 지점에 도착해서는 상황이 달라진다. 클럽을 꺼내는 모습에서부터 좀전의 당당함은 어디론가 사라진다. 펄럭이는 홀 깃발의 위세에 눌려 클럽 선택에서부터 우왕좌왕한다. 티샷의 자신감은 온데간데없는 세컨드 샷!

주위 동료들 모두 안타까움에 한마디씩 한다.

"티샷만 좋으면 뭘 해! 온 그린이 되어야 홀을 마치지!"

누구나 한 번쯤 겪어 봤을 이 상황은, 세컨드 샷이 불안정해 좀처럼 스코어를 줄이지 못하고 번번이 싱글 문턱에서 무릎을 꿇고 마는 경우다.

그럼 이 상황을 어떻게 극복할 수 있을까?

우선 세컨드 샷에 사용할 클럽 선택이 해법의 시작이다. 세컨드 샷의 성공 여부는 클럽 선택에 달렸다. 세컨드 샷에서 흔히 범하기 쉬운 오류는 버디 혹은 파에 대한 환상이다. 티샷이 성공할 경우, 그 기분에 취해 머릿속으로는 이미 나의 공은 그린 위에 안착했고, 안착한 지점은 홀 핀에 거의 붙어 있어 버디는 따 놓은 당상이라는 환상 속에 있는 것이다. 하지만 골프는 그리 만만하게 버디를 주거나 파를 선사하지 않는다.

사람마다 클럽별 거리는 제각각이다. 평소 연습 혹은 라운드 경험을 통한 자신만의 거리는 다르다. 그렇기에 자신의 거리를 정확하게 알고 있어야 한다. 거리를 표시하는 거리 목을 주의하여 살펴야 한다. 자신이 도달하고자 하는 위치까지의 거리를 정확하게 파악하여 클럽별 거리를 기준으로 적당한 클럽을 선택해야 한다.

두 번째는 정확한 공략 지점을 위하여 핀의 위치를 파악해야 한다. 핀의 위치 파악은 공략 지점에 안착시키기 위한 결정적인 포인트다. 가령 핀이 뒤쪽에 있을 때는 공략 지점을 10~15야드 정도 더 보고 때려야 하고, 핀이 앞쪽에 있을 때는 10야드 정도

짧게 본다는 것은 누구나 알 것이다. 정확한 클럽별 거리와 공략 지점에 대한 거리감을 갖고 세컨드 샷을 하라는 말이다.

세 번째는 공이 놓여 있는 상태를 정확히 파악해야 한다. 공이 가라앉았는지 떠 있는지 알아야 한다. 가라앉아 있다면 짧아질 것을 감안하고, 떠 있다면 좀 더 멀리 나간다는 것을 종종 놓치는 경우가 있다. 정확한 상황 파악이 정확하게 대처하는 첫 단추이기도 하다.

이렇게 모든 상황 파악이 끝났다면 다음은 스윙이다. 마인드 컨트롤을 하고 머릿속으로 그린 궤적을 상상하면서 연습으로 익혀 온 스윙을 하여야 한다. 즉 기술적인 것보다 마인드적인 자세를 먼저 다잡아야 한다.

대부분 골퍼들은 롱 아이언을 두려워한다. '파 온'을 하려면 롱 아이언이 아주 좋은 무기다. 낮은 스코어를 원한다면 반드시 롱 아이언을 연습해야 한다. '파 온'의 결정적인 순간을 만들려면 롱 아이언을 가까이하기를 바란다. 평소의 연습만이 유일한 해결책이다.

세컨드 샷에서 첫 번째로 중요한 것은 클럽 선택이다. 이는 평소 자신을 알아야 가능한 일이다. 다음은 공략 지점에 안착하기 위한 현지 상황 파악이다. 그리고 공의 상황도 정확히 알아야 한다. 마지막으로 자신만의 마인드 컨트롤을 통해 스윙을 해야만 하는 것이다. '파 온'이 여러분을 기다릴 것이다.

우리는 여기서 경영에 있어 종종 사용되는 시나리오 전략 수행을 배울 수 있다.

효과적인 위기 관리를 위해서는 먼저 구체적으로 위기에 대한 정확한 정의가 필요하다. 그래야 어떤 위기를 직면하게 될지 알 수 있기 때문이다. 그런 다음 이러한 위기를 예방하기 위해 어떤 사전적 노력을 해야 할지 살펴보아야 한다. 이러한 노력은 사전적 차단 혹은 사후라도 그 위기가 최소한의 영향으로 끝나도록 하는 지름길이다. 더불어 위기를 바탕으로 재도약하는 기회를 제공하기도 할 것이다.

위기 상황에서는 리더를 포함한 모든 조직원들이 혼란에 빠질 수 있다. 이러한 혼란은 위기에 대한 극복은커녕 수렁 속으로 더 빨려 들어가는 상황을 초래하기도 한다. 이럴 경우 무엇보다 중요한 것은 조직의 역량을 한 방향으로 결집하는 것이다. 특히 구체적인 비전과 목표가 조직원 모두에게 공감대가 형성된 상태가 필요한 것이다.

위기에 대한 극복책으로 새로운 비전과 목표가 정립되었다면, 반드시 경영층뿐만 아니라 조직원 모두 공유하여야 함은 가장 중요한 부분이다. 현재의 위기 상황을 정확히 파악하고, 이를 모두에게 설명하고, 모든 조직원이 비전과 목표를 공유해야만 한다.

위기 극복 활동을 리드하는 역할은 최고경영자가 할 수밖에 없다. 따라서 최고경영자는 솔선수범하는 자세로 위기를 극복하는 데 모든 노력을 쏟아붓는 모습을 보일 때 비로소 조직원들이 움직이게 된다.

위기는 다양한 원인에 의해 발생한다. 조직원의 실수로부터 오기도 하고, 불가항력적인 환경 변화로 오기도 한다. 그러므로 위기는 완전히 예방할 수는 없다. 하지만 위기 관리 시나리오를 만들어 그에 따라 적절한 대응을 해 나감으로써 위기 발생 빈도를 줄이거나 위기 강도를 최소화할 수는 있다.

급변하는 경영 환경의 속도와 강도가 더해지고 있는 상황에서 위기 관리를 위한 노력은 기업의 장기적인 생존과 성장을 위해 반드시 필요한 것이다.

라운드에서의 적수가 곧 나의 고객이다
합종연횡의 유연성

골프 라운드를 할 때 '굿 플레이어'라는 말은 참 듣기 좋은 소리다. 또한 골프는 자연과 함께하면서 즐거움과 힐링을 느끼게 하는 운동이다.

그런데 골프는 규칙을 잘 지켜야 하고, 함께 라운드 하는 팀은 물론 앞 팀과 뒤 팀에게 매너와 에티켓을 잘 지키는 자세가 반드시 필요하다. 익숙지 않은 상황에서 매너 혹은 에티켓에 어긋나는 상황 정도는 웃으며 넘어갈 수 있겠다. 하지만 이런 상황은 만들지 않는 것이 좋다.

굿 플레이어라는 말을 들을 만큼 골프 매너에 대해 안다면 그러한 실수는 하지 않을 것이다. 사교 스포츠의 역할도 있으므로 단지 스코어를 겨루기만 하는 자리는 아니다. 사업을 하는 사람이라면 접대 골프의 경우 치열하게 승부를 겨루는 적수로서 만날 것이다. 그러나 승부를 마친 다음에는 자연스럽게 좋은 인상으로 고객 관계가 될 수 있음을 인지하여야 한다. 그런 연유로 더욱 좋은 인상을 주려면 굿 플레이어라는 말은 반드시 들어야 한다.

먼저 함께 라운드를 하는 자리에 지각은 금물이다. 클럽하우스에 최소 30분 전에는 도착하는 것이 좋다. 좋은 분위기로 티오프를 할 수 있는 준비 시간이 필요하다. 좀 더 좋은 스코어를 원한다면, 골프장에서 가벼운 워밍업으로 퍼팅 혹은 어프로치를 연습한다면 컨디션 조절을 통해 2~3타는 가볍게 줄일 수 있다.

한편 라운드에 도움을 주는 캐디를 대하는 자세에서는 평소 인간성을 엿볼 수 있다. 나이 어린 캐디에게 반말을 하는 사람이 있다. 이런 장면은 나도 모르게 인상을 쓰게 된다. 캐디는 함께 경기를 하는 사람은 아니지만, 그날의 라운드 분위기를 조성하는 데 중요한 역할을 하기도 한다.

또한 동반자가 스윙을 할 경우에는 조용히 하고, 상대가 티잉하는 그라운드에서는 물러서 있어야 한다. 스윙 때 자신이 목표로 하는 홀 외에 다른 것이 보이면 스윙이 흔들릴 수 있다. 스윙에 소요되는 시간은 얼마 되지 않는다. 격의 없는 동반자라면 간혹 그 짧은 시간을 못 참고 말을 건네거나 나머지 사람들끼리 잡담을 하는 경우도 있다. 가까운 사이일수록 더욱 지켜야 할 부분이 아닐까 한다.

간혹 라운드를 위해 캐디에게 도움을 받고서 온 그린에 실패하였을 때 캐디에게 엉뚱한 화풀이를 하는 경우도 있다. 업무를 추진하면서 온전히 자신의 책임하에 이루어져야 함에도 남에게 돌리는 자세가 나왔을 때 느끼는 기분과 같은 것이다.

라운드 이후 혹은 라운드 중에 묻지도 않고 조언을 구하지도 않았는데 말을 하는 것은 정말 곤란하다. 골퍼라면 누구라도 결점이 있고, 그 결점은 특히 다른 사람 눈에 잘 보이므로 한마디하고 싶어진다. 상대방이 조언을 구하지 않을 경우에는 절대 먼저 해서는 안 된다.

화장실에 '당신이 머문 자리가 아름답습니다'라고 쓰여 있는 것처럼, 골프장에서도 마찬가지다. 벙커에 빠졌을 경우, 벙커의 뒷정리는 당신을 아름답게 하는 장면이다.

또한 실수하는 샷이 나왔을 때, 자기도 모르게 큰 소리를 내는 사람이 있다. 골프는 대개 사업을 하는 사람끼리 하는 경우가 많다. 그러므로 자기 감정을 드러내는 사람보다는 포커페이스를 유지할 정도로 침착함을 지닌 사람이 훨씬 좋은 인상을 준다.

이 외에도 지켜야 할 매너가 많지만, 기본 자세는 함께하는 동반자를 배려하고 자신을 낮추는 겸양지덕을 지니는 유연성을 보여 주는 것이다. 그렇게 하면 자연스럽게 굿 플레이어라는 소리를 듣게 된다.

기업을 경영하면서 굿 플레이어와 같은 말을 듣는 것은 보다 성공적인 경영자, 리더가 되는 것과 같다. 즉 유연한 리더의 자세는 기업 경영에 있어 훌륭한 경쟁력이 될 수 있다.

이러한 경쟁력을 확보하기 위한 리더의 유연함이 최근의 경영 환경에서는 더욱더 중요해졌다. 과거에는 심사숙고를 통해 내린 결정에 일관성을 갖고 초지일관하는 자세가 각광을 받았었다. 아마도 대표적인 사람이 '불도저'라는 별명이 있었던 현대그룹 정주영 회장이 아닐까 싶다.

물론 과거의 경영 환경에서는 좋은 사례로 볼 수 있지만, 지금 경영 환경에서는, 특히 4차 산업혁명이라 일컬어지는 다양한 기술 발전에 따라 급속도로 변하고 있는 상황에서는 계획을 끊임없이 수정하고 새로운 것을 반영해야 한다.

리더의 역할은 과거와는 달리 유연성이 있는 리더십이 필요하다. 신속하게 변화를 받아들이고, 경쟁자보다 더 빨리 판단하고 결정해야 하는 시대다. 또한 내려진 결정을 탄력성 있게 유연한 자세로 그때그때 수정을 가할 수 있어야 한다. 항상 새로운 시장을 개척하기 위하여 서로 이질적인 분야도 융합을 통해 새롭게 정의하고 추진하여야 하는 것이다.

따라서 리더는 반드시 다양성을 포용할 수 있는 유연성을 지녀야만 한다. 스위스 다보스 포럼에서 클라우스 슈바 교수가 거론한 4차 산업혁명이라는 주제의 강조점은 바로 "다양성diversity을 포용할 수 있는 유연성이 있어야 한다"는 것이었다.

과거의 리더십이 쓸모없는 것은 아니다. 그러나 이 시대에 필요한 리더십은 유연함 속의 다양함, 다양함을 끌어안을 수 있는 유연함이다. 이를 골프의 매너와 굿 플레이어가 되는 경험을 통해 몸으로 체득하였으면 좋겠다는 생각이다.

골퍼는 선택의 결과를 책임져야 한다
리더의 외로움

누구에게나 선택은 어려운 일이다. 골퍼뿐 아니라 기업을 경영하는 사람이라면 끊임없는 선택의 연속이다.

2014년 유러피언 투어 아부다비에서 주목할 만한 2위가 출연했다. 북아일랜드 출신의 로리 맥길로이라는 젊은 골퍼였는데, 그는 라운드 중에 어이없는 2개의 벌타로 준우승에 그치게 되었다. 로리 맥길로이는 그 대회뿐 아니라 2012년에도 비슷한 경험을 했다. 2012년과 2014년 대회 모두 2벌타로 한 타 차 2위를 했다.

2012년 경기에서는 2라운드에서 벌타를 받았다. 9번 홀 세컨드 샷이 그린 에지에 떨어졌다. 뒤쪽으로는 벙커가 있어 모래가 있었다. 칩 샷을 앞두고 로리 맥길로이는 그린 경사를 둘러보고 걸어오다가 공 앞의 에지에 있는 모래를 치웠다. 같이 경기를 벌이고 있던 루크 도널드가 "벌타 같다"고 말했다. 골프 룰에서 그린에 있는 모래는 치울 수 있지만 그린 밖에 있는 모래를 치우면 벌타를 받게 되어 있다.

로리 맥길로이는 "샷을 치려는 지점이 그린 밖이라는 생각을 하지 못했다"고 말했다. 해당 경기 스코어에서 선두였던 그는 9번 홀에서 벌타를 받아 더블보기가 된 것이다. 두 홀 후인 11번 홀에서도 또 더블보기를 했다. 결국 우승은 스페인의 파블로 라라사발 선수였다. 로리 맥길로이와 한 타 차였다.

기업을 경영하다 보면 종종 로리 맥길로이와 같은 경우가 있다. 늘 냉철한 판단력으로 의사 결정을 해나가던 최고경영자도 순간적인 판단 실수로 걷잡을 수 없이 무너지는 경우가 있다.

우리 아마추어 골퍼들의 이야기를 해 보자.

사실 라운드 중에 벌타를 받는 것은 다반사다. 아마추어라면 벌타로 인해 우승을 놓치거나 하는 일은 없다. 다만, 평소 자신만의 스윙 폼을 유지하지 못하면 스코어뿐 아니라 종종 헛스윙이 나오곤 한다. 벙커에서 헤매다 3~4타를 헌납하듯 날리는 건 기본이고, 공은 안 치고 엉뚱하게 뒤땅을 쳐서 망신을 당하기도 한다. 온 그린이 된 상태에서는 퍼팅을 세 번까지 하는 경우도 많다. 결국 그날의 라운드는 망치고 받아든 것은 창피한 수준의 스코어다.

기업을 경영하는 리더는 이와 같은 선택의 실수는 절대 하지 말아야 한다. 작은 기업을 경영하는 리더가 연습을 게을리한 골퍼처럼 엉뚱한 곳에 한눈을 팔고 성실한 자세를 견지하지 않으면, 그 기업은 금방 위기에 노출되고 만다.

어떤 분야건 간에 최고에 오르는 사람은 그 사람만의 비밀이 있다. 바로 성실함으로 무장한 꾸준함이다. 골프를 좋아하는 사람은 많다. 그러나 스코어가 좋고, 그들이 어울리는 무리 속에서 나름의 위상을 차지하는 사람은 늘 연습에 연습을 거듭한다. 기업의 리더도 마찬가지다. 자신이 펼치고 있는 사업에 대하여 끊임없이 공부하고 노력하고 정성을 다한다.

"지지자 불여호지자 호지자 불여지락자知之者 不如好之者, 好之者 不如樂之者"라는 말이 있다. "알고 있다는 것이 좋아하는 것을 따르지 못하고, 좋아하는 것이 즐기는 것만 못하다"라는 말이다.

최고경영자에서부터 일선 담당자에 이르기까지 기업에 몸 담고 있는 사람이라면 늘 선택의 기로에 처하게 된다. 이때 미연에 방지할 수 있는 실수를 저지르는 경우가 많다. 업무에 필요한 소요 시간을 잘못 예측하기도 하고, 수립한 추진 계획에 반드시 필요한 정보를 놓치거나, 일부러 모른 체하는 경우도 있다.

이런 실수의 원인이 되는 일에 대한 접근 방식 혹은 선택 방식을 고치기 위해 필요한 조치는, 일에 대한 접근 방식 혹은 선택의 방식을 스스로 깨닫고 해당 방식에 대한 변화를 가해야 한다. 그렇게 해야 좋은 결과를 이룰 수 있는 훈련이 되는 것이다.

결국 올바른 선택을 위한 확률을 높이는 기회를 꾸준히 갈고 다듬어야 한다는 것이다.

자신의 능력은 생각지 않고 무턱대고 들이민다고 해서 해결될 일은 사실 없다. 막연히 '잘 되겠지!'라는 생각을 해서는 안 되는 것이 골프와 기업의 닮은 부분이다. 기업 경영도 골프처럼 선택의 연속이다.

전략을 세우고 합리적 선택을 하고 서두르지 말아야 한다. 골프든 사업이든 항상 서두르다가 실패를 불러온다. 때로는 느리게 때로는 빠르게 하는 스피드의 완급을 이끌 줄 알아야 한다.

골퍼는 그린의 CEO라고 볼 수 있다. 경기 내내 스코어 전략 운영도, 상대방과의 경쟁에 대한 관리도 매 순간 잘해야 한다. 골퍼는 CEO처럼 모든 선택과 판단, 결정을 자신이 내려야 한다. 종종 캐디의 도움으로 코스를 공략하기도 하지만, 그 결과에 대한 책임은 자신이 져야 한다. 골퍼가 캐디의 조언으로 더블보기를 범했다고 그 책임을 캐디에게 떠넘길 수 없다.

마찬가지로 기업도 해당 프로젝트를 망쳤거나 운영상의 적자를 발생시켰다고 그 책임을 다른 직원에게 전가할 수는 없다. 모두 CEO의 책임이다.

기업이 하는 모든 선택의 압박은 최고경영자의 몫이다. 골퍼도 역시 라운드를 하는 18홀 내내 심리적 압박감에 시달린다. 코스 속의 그린 앞 해저드와 벙커도 벗어나야 하고, 필드의 오르막과 내리막도 극복하여야 하고, 불어오는 역풍과 순풍도 자신과 연동하여 올바른 클럽을 선택하고 샷도 구사해야 한다.

모두 주어진 상황에서 선택지를 판단하여 받아들이고, 그 상황에서 최선의 해결책을 찾아내야 하는 숙명이 같은 것이다.

기업 경영은 골퍼들의 경기보다 더욱 그 결과의 책임이 크다. 적자가 나고 이것이 쌓이면 기업의 운명은 치명적인 데미지를 입게 된다. 그 결과는 바로 도산 혹은 파산이다.

골프는 순간 방심하면 버디는 보기가 되고, 보기는 더블보기가 된다. 기업도 순간의 선택이 기업의 흥망을 결정하는 결정타가 된다. 따라서 골프든 경영이든 늘 철저한 준비와 자기 관리가 절대적이다. 이는 우리 인생도 마찬가지다.

같은 실수를 반복하면 지는 것이다
리뷰의 중요성

골프는 18개 홀을 매번 티샷을 하는 그라운드부터 시작된다. 직경 43mm 공을 드라이빙하면서 시작하여 4.3인치 홀컵에 공을 넣어 18개 홀을 돌면 마치는 게임이다. 어떤 홀도 공을 홀컵에 넣지 않고는 다음 홀로 이동이 불가능하다.

이 게임에서 아마추어 골퍼들의 스코어를 잡아먹는 최대 걸림돌은 비거리도 아니고 스윙 폼도 아닌 퍼팅인 경우가 많다. 프로와 아마추어는 실력에서 월등한 차이가 나지만, 특히 가장 큰 실력 차가 나는 곳이 퍼팅이다.

골프장에서 유명한 말 중에 "아마추어는 티잉 그라운드에서 홀에 이르는 연습을 하고, 프로는 홀에서부터 티잉 그라운드에 이르는 연습을 한다"는 표현이 있다. 프로들이 퍼팅에 대해 얼마나 중요하게 생각하고 연습을 하는지 단적으로 보여 주는 말이다.

골프는 처음부터 끝까지 집중력이 매우 중요하다. 특히 퍼팅은 고도의 집중력이 필요하기에 퍼팅 중에는 하다못해 윈드브레이커에서 나오는 작은 소리도 신경이 쓰인다. 간혹 골프 경기에서 프로 선수들이 갤러리들의 작은 소음으로 인해 어드레스를 풀고 다시 집중하여 퍼팅하는 모습을 보았을 것이다. 이것만 보더라도 퍼팅이 얼마나 예민한 부분인지 짐작이 갈 것이다.

퍼팅은 공을 짧은 거리에서 직선운동을 통해 홀컵에 넣는 행위이므로 아주 단순한 동작으로 보이기도 한다. 그런 이유로 특별한 기술이나 자신만의 루틴이 필요 없다고 생각하는 골퍼들도 있다.

그러나 실상은 그렇지 않다. 퍼팅은 골프에 있어서 연습이 가장 크게 영향을 미치는 동작이다. 연습을 많이 하면 할수록 스코어 향상에 크게 효과를 나타낼 수 있는 부분이다. 어찌 보면 샷은 행운이 있을 수 있는 요소지만, 퍼팅은 연습의 결과가 가장 정직하게 나타나는 지점이다. 올바른 퍼팅 원리를 이해하고 이를 바탕으로 효과적인 연습을 한다면, 퍼팅은 스코어에 있어 생각보다 월등히 좋은 영향을 미친다.

퍼팅이 스코어에서 차지하는 영향은 약 40%에 이른다는 자료를 본 적이 있다. 아마추어 골퍼들이 이상적인 스코어로 여기는 80타의 경우라면 30타 이상이 퍼팅 스트로크로 좌우된다면 그

영향력의 크기를 짐작할 수 있을 것이다.

퍼팅은 누구나 잘할 수도 있지만, 누구라도 잘할 수 있는 영역은 아니다. 퍼팅에 대해 이론으로 무장하고 올바른 방법으로 충분히 연습한다면 스코어를 줄이는 일은 결코 어렵지 않다.

우리가 느끼기에 1미터는 정말 짧은 거리다. 코로나와 같은 전염병으로 시끄러운 시기에도 생활거리가 2미터인 것을 보면 알 것이다. 그런데 그 1미터가 공과 홀 사이의 거리라면 정말 긴 거리임을 골퍼들은 느껴보았을 것이다.

인간의 심리 속에는 불안한 상황에 놓이게 되면 빨리 그 상황 혹은 그 자리를 벗어나려는 욕구가 넘쳐난다고 한다. 바로 그러한 심리 상태가 극명하게 작동하는 지점이 1미터짜리 퍼팅이기도 하다.

그래서 누구라도 그 자리를 빨리 벗어나거나 빨리 해결하거나 빠른 결과를 알려고 한다. 이때 실수를 하게 되고, 이 실수는 다음 홀까지 이어져 또 다른 실수로 이어지고, 그날의 스코어를 망치기도 한다. 바로 이러한 실수를 줄이는 방법은 끈질긴 연습만이 유일한 해결책이다.

리더도 사람마다 바꾸고 싶은 오래된 습관이 있을 것이다. 심리학적으로 같은 행동을 반복하는 것은 본능이라고 한다. 따라서 오랜 습관을 바꾸는 것은 정말 쉬운 일이 아니고, 시간도 노력도 많이 수반되어야 한다.

경영 환경이 루틴하게 반복되는 사업이라면, 과거로부터 일군 성과를 통해 내려온 여러 가지 의사 결정에 대한 자신만의 습관이라면 크게 상관이 없을 것이다. 하지만 지금은 경영 환경이 급변하는 시기이므로 과거의 습관을 리뷰해 볼 필요가 있다.

변화가 급하게 이루어지는 경영 환경에서는 모든 영역에 있어 체계적인 계획과 미래에 대한 긍정적인 사고를 통해 보다 좋은 결과를 이끌어 내야 한다. 다시 말해 변화를 원한다면 서서히 스스로 원하는 방향으로 같은 실수나 습관을 반복하지 않고 목표를 수행해 나아가야만 한다.

그럼 이러한 리뷰 속의 변화를 이끌어 내려면 어떻게 해야 할지 정리해 보자.

먼저 반복적으로 일어나는 실수에 대해 인정하는 자세가 필요하다. 실수를 인정하고, 잘못된 부분이 무엇인지 확실하게 인식하는 것이 첫 번째 순서다. 그렇지 않을 경우에는 또다시 실수를 피하기 어렵다.

모든 사람은 실수를 할 수 있다. 다만 그 실수를 알고 다시 반복하지 않는 것이 중요하다. 실수는 재앙이 아니고 일보 후퇴일 뿐이라는 여유를 가져야 한다. 한 번의 실수 혹은 실패는 또 다른 도전과 성공의 밑거름이 되는 것으로 바꾸어야 한다.

또한 실수에 대한 과도한 두려움은 절대 금물이다. 이 막연한 두려움이 강박관념이 되어 또다시 새로운 실수를 하기도 한다.

누구라도 실수를 할 수 있다는 사실을 받아들여야 실수로부터 배울 기회를 가질 수 있다. 그래서 실수를 세밀하게 살피고 왜 실수가 일어났는지 리뷰를 할 필요가 있다. 리뷰를 통해 나타난 현상과 문제점을 살핀다면 또 다른 도약의 새로운 길을 찾을 수 있을 것이다.

리더는 조직을 이끄는 수장이기에 스스로 리뷰를 통한 재성찰이 필요하다. 조직이 실수를 한다면 조직에서 문제를 찾기보다는 리더 스스로에게 물어야 한다. 그리고 조직에 문제가 많다면 리더는 가장 먼저 발생한 문제에 대한 정의를 내릴 수 있어야한다. 즉 핵심 문제를 정의해 보고 이를 통해 해결책을 찾는 노력을 하여야 하는 것이다.

조직에는 자원이 한정적일 수밖에 없다. 따라서 문제를 정확하게 정의하지 못한다면 한정된 자원이 낭비될 수밖에 없다. 그리고 문제의 해결책으로 조직 혹은 리더가 가장 잘하는 부분부터 점검하면 되는 것이다. 무엇이 잘 되었고, 무엇이 문제인지는 자신이 가장 잘 알 것이다. 실수를 반복하지 않으려면 무엇이 잘되었는가, 자신이 무엇을 잘하는가에 초점을 맞추어 이를 극대화할 필요가 있는 것이다.

그리고 미래의 발전에 관심을 가져야 한다. 조금 높은 목표라할지라도 설정한 목표에 맞춰 항상 최고를 향해 달려가야 한다. 그런 과정을 반복하면 자연스럽게 성공이라는 최종 결과에 더 빨리 도달할 수 있고, 목표 달성에 필요한 시간을 줄일 수 있다. 노력은 절대 배신하지 않는다.

끊임없이 돌아보고 성찰한 결과를 통해 노력해 나간다면 부족한 점들을 채워 나갈 수 있을 것이다.

쉼 없는 퍼팅 연습으로 스코어를 줄이듯 조직을 책임지는 리더라면 실수를 반복하지 않도록 매일매일 노력해야 하는 것이다.

버디를 잡은 후 다음 대비가 필요하다
성공을 위한 노력

골프에서 18홀을 돌다 보면 짧은 4홀 코스가 나올 때가 있다. 자연스럽게 버디를 노리는 마음이 커지는 것은 인지상정이다. 마음을 다잡고 드라이브 샷을 통해 그린에 보다 가깝게 안착시키려는 노력을 한다.

이때 등장하는 페어웨이를 현명하게 공략하면 짧은 파 4홀에서 버디 기회를 잡을 수 있다. 하지만 현실에서는 대부분 페어웨이를 빗나가면서 3타의 꿈이 5타나 그보다 더 심한 상황으로 악화될 수 있음을 알아야 한다.

해결책은 의외로 간단하다. 골프는 멘탈 스포츠이지 않은가. 평소 자신의 자세를 견지하는 것이 가장 이루기 쉬운 방법이다. 드라이버 샷을 완벽하게 구사해 짧은 4홀이라도 그린과의 거리는 아직 한참이다. 홀컵에 다다르기 위한 웨지 샷이 여전히 기다리고 있다.

따라서 다소 부담스러운 거리를 공략하기 위해 장애물을 피하는 방법을 강구하여야 한다. 이때 롱 아이언이나 하이브리드를 통해 안전한 샷을 구사할 것을 권한다. 장애물을 극복하고 차례로 풀 스윙 어프로치 샷을 통해 그린에 붙여야 한다.

짧은 4홀 코스에서 드라이브 샷이 좋았을 경우, 더욱더 좋은 샷으로 홀을 마무리하고 싶은 마음은 당연하다. 조금 더 핀에 가까이 붙이고 싶은 마음은 어쩔 수 없다. 간혹 이것이 버디를 낚아채기도 한다.

늘 그렇듯 골프는 완벽하게 스코어가 나오는 날이 없다. 따라서 초심으로 돌아가는 자세를 반복하는 것이 중요하다. 즉 욕심을 버리는 마음자세가 답이다.

버디 퍼팅을 실수할 경우도 마찬가지다. 이럴 경우 특히 마음을 다잡고 이전 생각을 버려야만 부담감이 없어지고, 자연스러운 집중은 더 좋은 스코어로 다가올 것이다. 버디 찬스를 얻게 되는 경우는 그린 주변의 샷이나 웨지 샷이 정확하게 들어갈 경우 자연스럽게 만들어진다. 결국 다시 정확성이라는 단어로 회귀하게 되는 것이다.

보통 버디 퍼팅을 성공하면 흥분을 잊지 않으려 할 것이다. 그러나 골프는 변화무쌍한 그린과의 싸움이기에 지나간 홀은 잊어

버리는 것이 좋다. 매 순간 집중해야만 스코어를 온전하게 줄일 수 있다.

욕심을 갖지 않고 마음을 비울 때 모든 것이 잘 된다. 그러나 버디 찬스가 오면 누구라도 욕심이 생기므로 위기를 맞이할 수 있다. 찾아온 기회는 조금이라도 빈틈을 보이면 빠져 나간다. 아직 남은 홀이 있음을 기억하고, 그 기회를 잡기 위한 초심으로 돌아가는 자세를 견지해야 한다.

초심을 잃지 않는 자세는 리더들이 지녀야 할 덕목인 신뢰, 소통, 포용, 통찰, 단결, 추진 등에 비해 가볍게 넘어가는 경우가 많이 있다.

갈수록 치열해지는 기업 환경 속에서 탁월한 리더십을 갖춘 경영자가 되기 위해서는, 리더가 가져야 할 마음가짐이 중요함을 사업 초기부터 마음에 새겨두어야 한다. 그 마음가짐은 성실함은 기본이고, 낮게 임하는 자세, 현명한 의사 결정을 위한 다양한 소통과 경청 등을 들 수 있다.

이를 명시적으로 정리하면 첫 번째가 도덕성이다. 기업 전체의 도덕성은 리더의 도덕성으로부터 나온다. 사람들은 도덕성이 결여된 기업에서 일하기를 원하지 않으므로 인재를 영입하는 문제부터 어려움을 겪을 수밖에 없다. 사실 기업은 여러 분야의 협력으로 이루어 내는 합작품이다. 혼자서는 무엇도 할 수 없는 것이다.

두 번째는 현명한 의사 결정이다. 리더라는 자리는 늘 선택의 순간을 맞이하고 이를 결정해야 한다. 때로는 이해관계가 상충되는 지점에서도 과감하게 결정해야 할 경우가 있다, 이때도 과감한 결단을 내리는 현명한 자세가 필요하다.

세 번째는 핵심에 다가서는 능력이다. 어떤 분야를 선택하건 시작은 선택이 이루어져야 시작된다. 따라서 올바른 선택의 첫걸음은 문제의 핵심에 다가설 수 있는 능력이다. 과감하게 선택하여 지속적으로 추진해 나가야 하므로 반드시 필요한 능력이다.

그리고 리더라면 열린 귀를 가져야 한다. 바로 경청하는 소통 능력이다. 소통 능력의 중요성은 치열한 변화 속에서 더욱 빛을 발하는 중요한 지점이다. 이는 자연스럽게 조직원들에게 기업이 추구하는 목표와 비전을 효과적으로 나타내게 되어, 모두 참여하고자 하는 열정을 끌어낼 수 있기에 중요하다.

대개 리더가 되기로 결심을 한다면, 앞서 언급한 마음가짐을 늘 가슴에 새기고 일에 정진할 것이다. 그러나 한 번의 성공이 또 다른 성공을 가져다 주지는 않는다. 버디를 이룬 홀이 있다고 다음 홀도 또다시 버디로 마친 경험이 있는지 생각해 보면 잘 알 것이다. 이전의 성공은 잊어버리고 새로운 초심만이 또 다른 성공을 약속하는 것이다.

초심을 유지하는 것은 정말 큰 스트레스일 수 있다. 그런 스트레스에 빠지지 않으려면 먼저 스스로의 환경에 감사하는 마음부터 가지면 좋다.

다음은 지나간 오류 혹은 판단 실수에 대한 생각을 떨쳐 버려야 한다. 성공의 기억을 새롭게 리셋하듯 실패에 대한 기억도 리셋한다면 스트레스에서 벗어날 수 있다.

또한 과거의 성공을 가벼운 마음으로 지나치고, 다가올 또 다른 도전에 대해 긍정적인 자세를 가져라. 새로운 성공에 대한 시야의 프레임에 좀 더 열린 자세로 다가가면 좋다.

현실에 대한 스트레스 혹은 두려움은 상황에 대한 통제의 어려움에서 출발한다. 통제의 어려움을 벗어나려면 시각의 변화도 필요하다. 즉 상황의 프레임을 바꾸어 보는 여유를 가진다면 스트레스에서 벗어날 수 있다.

성공은 좋은 것이다. 좋은 것은 지속되어야 한다. 그러려면 초심을 잊지 말아야 하고, 초심에 대한 스트레스는 벗어나면 날수록 보다 큰 성공이 다가온다는 것을 잊지 말자.

골프를 좋아하는 것만큼 아내를 사랑하라
작은 것도 챙기는 리더

해외 유명 골퍼의 이혼 기사에서 그의 아내가 한 말이 기억에 남아 있다. "나를 불안과 우울 속에 남겨 둔 것은 남편의 골프 사랑"이라는 것이었다.

골프는 다른 운동에 비해 중독성이 강하다. 그래서 골퍼의 아내들은 종종 주말 과부라는 소리를 듣곤 한다. 골프는 등산, 테니스, 낚시 같은 취미생활보다 중독성으로만 본다면 비교할 수 없을 정도로 오죽하면 "Better than sex"라는 말이 있을까!

골프를 좋아하는 사람으로서 한마디 거들면, "골프를 좋아하는 것만큼 아내를 사랑하라! 그리하면 가정에 평화와 축복이 가득하리라!" 골퍼들 사이에서 한때 '골프 이혼'이라는 말이 들릴 만큼 아내로부터 압박을 받는 골퍼들도 있었다.

골프는 어느 경기보다도 마음의 평온함이 중요하다. 스코어를 위해서라도 가정이 평안하여야 골프도 잘 풀린다. 이를 위해 그 날의 스코어를 관리하는 자세로 아내에 대한 서비스를 한 차원 높이면 좋을 것이다. 하다못해 골프 경기에서의 각종 시상품들도 아내가 좋아하는 것으로 선택하는 작은 지혜를 발휘해야 할 것이다.

그 외에도 아내와의 동반 라운드를 권하고 싶다. 한 달에 한 번 정도도 좋고, 적어도 분기에 한 번 아내와 라운드를 하면 좋다.

그리고 즐거운 마음으로 골프를 치고 싶다면 우선 가정에서부터 아내의 의견을 존중하고 경청하는 자세를 가질 것을 권한다. 특히 골프를 하는 날 아내에게 최상의 서비스를 할 것을 추구한다. 이 모든 것이 스코어를 줄이는 데 도움을 줄 것이다. 다른 말로 하면 골프 스코어는 아내를 관리하는 것에서부터 시작하는 세심함이 아주 중요한 포인트다.

리더들은 조직원들과 함께 한 방향의 길을 제시하고 이끄는 사람이다. 따라서 성공을 얻어내는 리더가 되려면 일에 대한 능력뿐만 아니라 조직원들을 세심하게 살피는 자세가 되어 있어야 한다. 세심함에서 오는 감동은 조직원들에게 동기 부여를 잘하는 리더가 될 수 있다.

사실 모든 사람이 리더가 될 수는 있지만, 성공한 리더가 되기란 쉬운 일은 아니다. 조직 생활이 생각보다 만만하지 않다. 특히 리더로서 평가받는 일은 더욱 어렵다. 그 어려움을 한방에 해결하는 방법은 바로 세심함이라고 할 수 있다.

골퍼가 그날의 스코어를 줄이기 위해 아내의 심기를 살피듯이 리더의 성공도 조직원들의 감성을 한 방향으로 분출시킬 수 있는 세심함이 그 첫 번째다.

단순히 용역을 제공하고 그 용역의 대가로 급여를 주는 관계로만 조직이 구성된다면, 그 조직에서의 성공은 한 발자국 떨어진 일이 될 것이다. 굳이 하는 일을 성공과 멀리 떨어뜨릴 필요가 있을까. 단지 주고받기만 하는 삭막한 조직 관리라면 누구도 할 수 있다. 그러나 리더라는 자리는 호락호락하지 않다. 진정한 리더십은 세심함에서 출발한다는 것을 잊어서는 안 된다.

조직 구성원들은 리더가 생각하는 것보다 감정에 민감하고, 분위기를 먼저 느끼고 민감하게 반응한다. 그들이 느끼는 기본적인 속성은 업무적인 이해관계에 따라 리더들이 자신을 관리한다는 것을 알고 있다. 그래서 일종의 부품과 같은 대접을 받는다고 여기는 순간부터 딱 그 수준만큼만 일에 대한 관심과 성의를 표한다. 이왕이면 다홍치마가 좋음을 안다면 놓치지 말아야 할 부분이다.

조직원들은 자신들이 부품으로 여겨지기를 바라지 않기에 리더가 보여 주는 세심함과 감성적 배려가 있다면, 정말 리더십의 구현이 필요한 순간에 스스로 나서는 자발적인 팔로우십

followship을 발휘한다.

이러한 자세가 몸에 밴 리더라면 자연스럽게 소비자의 감성에도 그 반응을 일으키게 된다. 조직원들을 세심하게 살피는 리더십을 통하여 조직의 유연성을 만들고, 유연한 대처능력을 통해 보다 소비자에게 가깝게 다가서는 리더십이라면 성공은 뒤따라 올 것이다.

리더가 실패하는 이유 중에는 리더 자신이 상황에 맞는 변화를 받아들이지 못하고 과거에 머무르는 경우도 있다. 혹은 자신이 내린 결정을 끝까지 밀어붙이는 추진력과 끈질김이 부족해서일 수 있다. 또한 소통하지 못하고 조직원들과 공유를 이루지 못해서일 수 있다.

이 모든 것은 조직원들과의 부담 없는 소통을 위한 노력의 부족이다. 곧 역지사지의 자세로 가르치기보다는 배운다는 자세와 함께, 스스로의 성찰과 세심함을 통해 조직원들의 강력한 동기부여를 이끌어 내야만 하는 것이다.

기업은 항상 성장을 염원한다. 그런 이유로 세심함도 필요하고, 리더 자신의 성찰도 필요하다. 그리고 변화에 준비된 열린 마음과 새로운 트렌드에 적응하는 유연함이 필요하다.

지금은 모든 것이 급변하는 시대다. 너무도 빠르게 모든 것이 변화하는 상황에서 리더로서 시장에서 요구하는 바가 무엇이고, 그 요구에 어떻게 대응할 것인가를 알아야 한다. 그러려면 먼저 조직원들의 감정을 리더 혹은 조직에게 매칭되도록 세심하게 신경쓰는 리더로 거듭나길 바란다.

리더는 모든 변화에 맞춰 움직이고 그 변화가 무엇인지 정확히 캐치할 수 있어야 한다. 그리고 지금 필요한 부분은 세심함이라고 말하고 싶다. 리더와 기업은 변하지 않으면 살아남을 수 없다.

Chapter 03

인재 관리

골퍼의 연습에는 네 종류가 있다.
마구잡이로 연습하는 것, 현명하게 연습하는 것,
어리석게 연습하는 것, 그리고 전혀 연습하지 않는 것이다.

- 버나드 다윈

내게 맞는 골프채를 준비하라
회사별로 다른 인재 모습

아마추어 골퍼들은 가장 먼저 골프 클럽을 선택하는 문제에 부딪치게 된다. 사실 골프는 연습장에서부터 시작되는데, 기초 자세에서 3개월이 지날 때까지는 어떤 클럽을 사용하든 크게 상관이 없다. 그리고 1년 정도 지나면 서서히 스윙 모습도 안정되어 가고 스피드도 늘면서 자신에게 맞는 클럽을 느끼게 된다. 또 사람마다 체형, 키, 몸무게 등이 다르기 때문에 드라이버 길이 등에서도 차이를 느끼게 될 것이다. 그때까지는 연습장에서 사용하는 클럽으로도 실력 연마가 가능하다.

이제 준비 기간을 마쳤으니 각자 자기에게 맞는 클럽을 선택해야 한다. 앞서 얘기한 시간과 노력을 충분히 투자했다면, 자기 몸에 익숙한 자세를 시뮬레이션하여 골프채를 골라야 한다.

선택한 골프 클럽으로 공을 쳐서 생각한 대로 공이 쭉 뻗어 나가면 좋겠지만, 그것과 달리 왼쪽으로 감기거나 연속해서 심한 훅이 날 경우에는 달리 생각해야 한다.

그리고 스윙 자세나 혹은 폼에 관한 고민을 마친 상태라면 헤드 바닥을 지면에 놓았을 때 샤프트와 지면이 이루는 라이각이 너무 가파르지 않은지 먼저 살펴볼 것을 주문한다. 아니면 자기 키와 팔 길이를 고려하여 샤프트 길이가 짧지 않은지도 살펴본다. 그도 아니라면 다른 각도에서 그립이 너무 가늘지 않은지, 혹은 샤프트의 탄성이 약하지 않은지, 또는 스윙 웨이트가 가볍지 않은지 살펴볼 필요가 있다.

한편 자세는 그래도 유지하고 있는데 스윙 때마다 공이 일관되게 슬라이스가 나는 경우가 있다. 그렇다면 앞서 얘기한 라이각이 너무 완만한지, 샤프트 길이가 너무 긴지, 그립이 너무 두꺼운지, 샤프트의 탄성이 너무 강한 것은 아닌지, 스윙 웨이트가 너무 무겁지 않은지를 살펴보면 좋겠다.

또 공의 궤적이 너무 높게 뜬 상태로 날아간다면 로프트가 크거나, 샤프트 강도가 약하거나, 무게 중심이 너무 밑에 있는지 살펴보라. 아마도 밑에 있을 경우가 많다. 공의 방향이 들쭉날쭉하는 골퍼라면 샤프트의 탄성이 너무 약하지 않은지, 혹은 스윙 웨이트가 너무 무겁지 않은지 살펴봐야 한다.

클럽 선택에 있어 라이각과 샤프트의 길이와 탄성, 그립의

드라이버

페어웨이

하이브리드

아이언 3~9번   52도 웨지   56도 웨지   60도 웨지   퍼터

굵기에서 오는 두께감, 그리고 그립의 무게 등도 자신과 맞는지 살펴보아야 한다. 엉뚱하게 클럽 브랜드를 따지거나 가격을 따지는 것은 정말 헛된 일이다.

클럽 외에 필요한 것을 골프화인데, 발에 꼭 맞는 착용감이 매우 중요하다. 골프장엔 대부분 카트가 있어 크게 신경쓰지 않고 패션의 한 아이템으로 골프화를 선택한다면 결코 안 될 일이다. 원래 골프는 걷는 것이 기본인 운동이다. 걸으면서 플레이를 즐기는 데 도움을 주는 골프화의 선택은 생각 외로 중요하다. 10킬로미터 이상 걸을 때 발을 편안하게 해 주는 착용감을 무시해서는 안 된다. 그리고 골프를 보다 잘하기 위해서는 스윙을 위한 스탠스를 잡을 때 안정감도 중요하게 살펴야 한다. 골프가 약할수록 스윙 시 스탠스가 불안하여 엉뚱한 스윙을 하는 경우가 있다. 스탠스 할 때 안정감을 위해 반드시 골프화에 신경을 써야 한다.

다음은 골프 장갑이다. 스윙 시 그립과의 밀착, 맨손으로 잡는 듯한 느낌이 정말 중요하다. 장갑의 중요성은 그립의 중요성을 안다면 이해할 수 있을 것이다. 자기 손바닥 크기와 손가락 길이를 감안하여 딱 맞는 것을 선택해야 한다. 딱 맞는 것이 없다면 약간 헐거운 것이 작은 것보다는 좋다.

마지막으로 골프공은 굳이 비싼 것을 선택할 필요는 없지만 탄성이 좋은 새 공이 좋다. 비용을 생각해 중고 공을 사용할 거면 다른 비용을 줄이는 것을 권하고 싶다. 이왕이면 제대로 성능을 발휘하여 좋은 스코어를 얻고 싶지 않은지 묻고 싶다.

이처럼 골프도 여러 면에서 신경을 쓰고 준비를 해야 보다 즐겁게, 또 원하는 스코어를 얻을 수 있다. 그런데 치열한 전쟁터 같은 사업을 하는 경우라면, 회사가 필요로 하는 인재를 딱 맞게 활용하는 것이 얼마나 중요한지 새삼 거론할 필요는 없을 것이다.

기업들은 직원을 뽑을 때 대부분 긍정적인 자세, 창의성, 도전 정신 등을 원하고 있다. 아마 인사 담당자들도 비슷한 시각에서 사람을 선택할 것이다. 다만 기업마다 업의 특성에 따라 미묘하지만 아주 작은 차이를 갖기도 한다.

골퍼들도 작은 차이가 큰 실력 차를 나타내게 된다. 골프 평론가이자 《종의 기원》으로 유명한 찰스 다윈의 손자인 버나드 다윈의 명언을 돌아볼 필요가 있다.

"골퍼의 연습에는 네 종류가 있다. 마구잡이로 연습하는 것, 현명하게 연습하는 것, 어리석게 연습하는 것, 그리고 전혀 연습하지 않는 것이다."

운동 혹은 게임으로의 골프에서도 이럴진대, 기업에서 인재라는 문제도 역시 작은 차이부터 돌아보아야 한다.

경영 환경이 급변하고 있는 지금의 인재상은 20세기 기업들이 원하는 것과는 많은 변화가 있다. 과거 패러다임에서 통용되었던 특정 영역과 분야에 한정된 지식과 마인드만으로는 소비자의 인식도 경영 환경도 급변하는 시기에는 대응하기가 어렵다.

최근에는 다양한 분야와 영역을 넘나드는 융합형 인재가 중요시되고 있다. 즉 기존 틀에서 주요한 포인트로 삼고 있던 영역은 당연시하고, 그 당연한 자세와 능력 외에도 이질적인 부분도 과감하게 끌어안고 자신의 영역에서 녹아내리게 하는 통섭형 인재가 필요하다. 그만큼 응용력과 창의력이 아주 중요한 핵심 역량이 된 것이다.

하지만 이 같은 흐름과는 별도로 작은 기업에서는 조금 성격이 다를 수 있다. 그 이유는 작은 기업은 대기업과는 또 다른 관점으로 인재를 대하기 때문이다. 작은 기업에서도 사람을 뽑을 때 최고의 인재를 선발하고 싶어도 여러 사정으로 그럴 수가 없다. 따라서 최고의 인재보다는 최적의 인재를 뽑아야 한다.

특히 작은 기업은 회사가 원하는 인재상을 간결하고 명확히 정의하는 것이 선행되어야 한다. 그런 다음 그 조건에 가장 적합한 인재를 뽑는 것이 중요하다. 작은 회사의 리더라면 업에 맞는 적재적소의 인재를 얻는 방법을 고민해야 한다. 반면에 취업자 역시 가장 자신 있고 능력을 발휘할 수 있는 회사를 선택하는 것이 좋다는 것을 알고 작은 기업도 있음을 고려해야 한다.

사실 회사들은 모두 성격과 기업문화, 지향점이 다르다. 따라서 그에 부합하려면 몸에 잘 맞고 보기에도 멋진 옷과 같은 사람을 택해야 하는 것이다. 그러므로 합에 맞는 사람을 찾을 때 다음 몇 가지를 유념하면 좋다.

첫째, 업무적인 지식은 다소 부족하더라도 겸손하고 성실한 사람을 택해야 한다. 겸손하고 성실하여 다른 사람의 성공을 도울 수 있는 자세를 가졌다면 이상적인 사람이다. 아무리 탐날 정도로 똑똑하고 창의성이 뛰어나도 인성에 대한 점검이 최우선이다. 자기가 최고라는 독선적인 사람은 곤란하다.

둘째, 시간적인 여유를 갖고 사업에 꼭 필요한 사람을 찾아야 한다. 조금 멀리 보고 최적의 인재를 선택하는 데 주력하라는 것이다. 성급하고 근시안적인 인력 충원은 옳지 않다. 반드시 한 사람의 비중이 대기업에 비해 월등히 높은 작은 기업은 특히 신경써야 할 부분이다.

한 걸음 더 들어가서 실력도 중요하지만 사람과의 관계가 더욱 중시되는 작은 기업은 회사와 코드가 맞지 않으면 아무리 슈퍼스타들이 모여도 좋은 결과를 낼 수 없다.

이것이 바로 작은 회사가 인재를 택하는 방법이다. 회사의 특성에 맞는 인재를 뽑으면서 리더와 함께 호흡할 가치관과 문화가 맞는 사람이 최적이다.

몸에 맞는 골프 클럽을 고르듯 회사도 인재를 선택할 때 신중하게 업의 특성에 맞는 최적의 인재를 택하는 것에 많은 노력을 기울여야 할 것이다.

여러분이 생각하는 최적의 인재는 어떤 사람인지 궁금하다.

게임은 이길 때도 있고 질 때도 있다
성공도 실패도 사람의 몫

골프 경기의 흥미를 끌어올리기 위해 내기를 하기도 하는데, 방식은 아주 다양하다.

공식적인 골프 경기 방식에서 가장 기본이 되는 것은 스트로 크 플레이stroke play와 매치 플레이match play 두 종류다. 스트로크 플레이는 모든 홀의 스코어를 합산하여 승패를 결정하고, 매치 플레이는 홀마다 승패를 결정짓는 방식이다. 이 외의 방식은 이 두 가지를 혼재해 나름의 룰을 정한다. 원래 세 사람 이상이 함 께하는 경기여서 다양한 게임 방식이 나올 수 있다.

보통 골프 대회에서는 총 18홀의 타수를 합하여 최소 타수를 기록한 사람이 우승자가 되는 스트로크 플레이 방식을 택한다. 한 번에 많은 사람이 참여할 수 있으므로 프로 선수들이 겨루는

토너먼트 경기와 클럽에서 벌이는 경기 등에서 사용된다.

아마추어일 경우에는 기량의 차이가 있기 때문에 게임의 박진감을 더하기 위해 핸디를 잡아주는 방식으로 하기도 한다. 각 홀의 총 타수 합계에서 주어진 핸디캡 숫자를 뺀 타수를 네트라고 하는데, 이를 최종 성적으로 하는 시합이다. 이 시합의 명칭은 핸디캡 컴페티션handicap competition이라고 한다. 이러한 핸디 제도가 있어 기량 차이가 나는 비기너가 출정하는 경우에도 게임을 할 수 있는 것이다.

매치 플레이는 각각의 홀마다 스트로크한 타수로 승부를 정하는데, 18홀의 경우 18번의 승패를 결정한다. 그래서 홀 매치 hole match라고도 한다. 개별 홀의 타수가 적은 홀의 승패를 정하고, 같을 경우에는 비긴 것으로 홀 별로 승패를 확정하고, 이긴 홀의 수를 비교하여 더 많은 홀의 승리를 가져간 쪽이 이기는 방식이다.

카운트 방식은 A와 B가 게임을 시작해서 1번에서 A가 B에 이기면 A는 B에 1업이라고 한다. 한편 B는 A에 1다운했다고 한다. 이후 상호 간 이긴 홀을 상쇄해 나가면 자연스럽게 이긴 홀이 나머지 홀보다 많으면 승부가 결정나는 방식이다. 즉 16번 홀을 마치고 난 후의 상황이 A가 3업이 되었다고 하면, 최소한 A는 그 경기 전체를 무승부 혹은 이기는 승부가 되는 것이다. 17번 홀이 무승부가 된다면 스코어가 A가 계속 3업이므로 나머지 홀인 18홀의 승부를 잃어도 이기는 게임이 되는 형식이다.

그 외에도 최소 타수의 수로 겨루는 매치 플레이의 일종인 베스트 볼best ball도 있다. 또 두 사람씩 2조로 나누어 각각 1개 볼을 플레이하는 방식의 포섬foursomes 경기도 있다. 이는 서로 한 편끼리 번갈아 가면서 치는 방식으로 홀을 마치는 스코어로, 홀마다 승부를 겨루는 홀 플레이 경기의 일종이라고 보면 된다.

그리고 많이 들어본 스킨스 게임skins game이 있다. 이 게임은 홀 별로 상금을 걸고 그 홀에서 가장 플레이를 잘한 사람, 즉 스코어가 가장 적은 사람이 상금을 차지하는 방식이다. 아마도 내기 경기로 가장 많이 활용하는 방식이다.

이때 해당 홀의 승리를 '스킨'이라 하고, 동점자가 나오면 상금은 다음 홀로 미루는 방식으로 상금의 크기를 키운다. 즉 홀의 최고 성적을 낸 선수가 한 홀마다 걸린 상금을 획득하며, 상위 동점자가 2명 이상일 경우 무승부가 되고, 상금은 다음 홀로 누적되어 다음 홀의 승자가 누적 상금과 해당 홀의 상금을 함께 차지하는 방식이다.

따라서 다른 선수들이 계속 비기고 자신이 마지막 홀에서 1위를 한다면 전체 상금을 독식하는 결과를 가져온다. 기량이 비슷한 골퍼들이 경기할 때 많이 사용하는 방식으로 상금에 대하여 다양한 옵션을 정하여 진행하기도 한다.

이처럼 여러 가지 방식이 있으나, 사실 골프는 승패보다는 사교를 목적으로 하는 경기임을 생각하여 겨루는 것이 좋다.

골프 용어 중 '오너'라는 말이 있다. 이는 내기 골프와 같이 승패에 연연하기보다는 경기 자체를 즐긴다는 의미를 가장 잘 표현한 용어다. 여기서 오너는 존경 혹은 명예를 나타내는 'Honor'를 말한다. 즉 서양 사람들이 가장 중시하는 명예를 우선시하는 문화에서 유래되었다. 그런 여유로 오너는 먼저 티샷을 할 권리로서 존경의 의미를 부여하는 것이다.

그러나 필드에 나가 라운드를 하게 되면 승패를 떠나 즐기는 것이 쉽지 않다. 하지만 머리로 생각하며 즐기는 경기 참여가 주는 교훈이 있다. 그것은 바로 사업에 있어서 순간의 성공과 실패에 대해 리더라면 참여한 사람들에게서 그 원인을 찾는 우를 범하지 말아야 한다는 점이다.

성공이란 "우리가 속한 공동체로부터 얻는 보상"이다. 성공은 개인의 성과로 규정되는 것이 아니라, 집단이 그 성과를 어떻게 인식하느냐의 문제에 달려 있다. 이것이 바로 이 책에서 말하는 성공에 대한 전제조건이자 출발점이다.

성공과 실패를 논할 경우, 성공이라는 배경 속에는 훌륭한 능력만이 성공을 보장하는 것이 아니다. 그보다 그 능력을 받아들이는 쪽이 어떻게 받아들일 것인지가 더 중요한 요인이다. 아무리 훌륭한 능력이 있어도 경쟁 세계에서 받아들이는 쪽의 인정을 받지 못한다면 그것은 성공이 아니다. 성공은 나 혼자만의 능력이 다가 아니라 받아들이는 쪽을 포함한 모든 이가 함께 어우러져 얻은 결과로 나타나는 것이다.

그럼 공급하는 이, 공급을 받는 이를 모두 아우르는 데 필요한 것은 무엇일까?

성공의 첫 번째 동인은 연결망, 곧 네트워크다. 경쟁의 혼돈 속에서 성과에 대한 결과를 명확하게 가르기가 쉽지 않다. 이때 결정타는 바로 주변의 네트워크가 중요한 변수라는 것을 알아야 하며, 이는 결국 참여한 조직원의 문제라기보다 리더의 몫이다.

두 번째는 경쟁자들끼리 실력의 우열을 나누는 것이 매우 어려우므로 리더의 모습이 성패의 가늠자가 된다는 것을 알아야 한다. 결국 우열의 승패는 리더의 경쟁력으로 결정되는 것이다.

세 번째는 성공 경험이 또 다른 성공을 가져온다는 것이다. 한 번의 성공이 중요한 이유이기도 하다. 성공 경험이 미래의 성공을 다시 가져올 수 있는 강력한 동인이다. 성공 경험이 없는 초기 단계에서는 리더가 추진력을 발휘할 때 성공의 기회를 얻게 되는 것이다.

네 번째는 끊임없는 도전의 연속이 성공을 가져온다. 노력은 언제든 성공이라는 돌파구를 여는 만능 키다.

성공은 범접하기 어려운 그 무엇이 아니다. 누구라도 도전을 통하여 노력을 통하여 얻을 수 있는 영역이다. 누구를 탓하기보다는 리더 스스로가, 골프에 있어 승패와 상관없이 즐기는 자세

로 참여할 것을 권하듯이, 스스로 택한 영역에서 진인사대천명
盡人事待天命의 자세가 필요하다.

더 이상 성공을 멀리 있다고 생각하지 말고, 지금 이 순간부
터 성공을 제대로 꿈꾸며 집중할 것을 권한다. 목표와 기회가
생기는 놀라운 변화가 일어날 것이다.

골퍼에게 클럽 선택이 중요한 이유
인재를 알아보는 눈

처음 입문한 골퍼들에게 선배들의 한결같은 조언이 있다.

"비싼 제품 쓰지 말고 연습용이나 중고 클럽을 쓰다가 자신에게 맞는 클럽을 사라."

자기 몸에 맞지 않은 클럽을 사놓고 고민하는 골퍼들이 많기에 하는 말이다. 비기너라면 대중적인 국산 보급형 클럽을 고르는 것이 좋다. 보급형 골프채는 비교적 값이 싸다는 장점이 있다. 외국 유명 브랜드보다 20% 정도 저렴하면서도 성능은 떨어지지 않는다. 오히려 국산 브랜드는 우리나라 사람 몸에 맞게 설계되어 있어, 골프를 좀 하는 이들도 선호하고 있다. 즉 자기 몸에 맞는지가 중요하지, 브랜드는 크게 상관이 없다는 뜻이다.

골프 클럽에서 가장 중요한 것이 샤프트다. 스윙 속도와 높이 등을 감안하여 자기에게 맞는 샤프트를 택하는 것이 중요하다.

사실 골프채는 외국 제품이 시장을 지배해 왔다. 거기에다 일부 골퍼들이 고가 외제 클럽을 과시 수단으로 삼는 경우가 비일비재하다. 때문에 자신의 실력과 체형 그리고 경제적 사정도 무시하고 잘못 선택하는 경향이 많다.

골퍼에게 샤프트의 선택은 정말 중요하다. 혹자들은 샤프트가 골프채 성능의 반 이상을 차지한다고도 한다. 그래서 샤프트를 골프채의 엔진에 비유하기도 한다. 바로 샤프트의 어떤 성능이 강점인지에 따라 비거리부터 공의 방향과 탄도, 구질 등이 달라질 수 있기 때문이다.

그럼에도 많은 골퍼들은 자신의 상황을 고려하지 않은 채 감당하기 버거운 탄성이 아주 강한 샤프트를 선택하는 경향이 있다. 너무 탄성이 강한 샤프트는 최상의 발사각을 만들지 못하기에 탄도가 낮아진다. 또한 비거리를 자기 본래의 비거리와는 차이가 날 정도로 줄어들게 만드는 요인도 된다. 또 공을 임팩트하는 순간 샤프트가 휜 상태로 맞게 되어 오른쪽으로 밀리거나 슬라이스가 나기도 한다.

결국 중요한 것은 골퍼의 특성을 높여 주는 샤프트를 택해야 하는 것이다. 공이 경쾌하게 튕겨 나가는 손맛을 제대로 느낄 수 있는 선택을 권하는 것이다.

더불어 샤프트의 올바른 선택과 함께 자신의 몸에 맞는 스윙을 장착하고, 이에 맞는 클럽을 찾는 것이 필요하다. 몸에 꼭 맞는 부드러운 탄성과 강한 임팩트 등으로 스스로 만족할 수는 클럽이 중요한 것이다.

이러한 골프 클럽의 선택에서와 같이 조직원을 뽑을 때도 지혜가 필요하다. 업의 특성에 맞는 인재를 확보해야 한다는 의미다. 외형과 간판만으로 인재를 택하는 것이 아니고 나름의 방안을 구축하라는 것이다.

기업에서 사람은 무엇보다 중요하다. 그래서 리더는 항상 인재를 찾는 것에 목말라한다. 조직을 이끌고 있는 입장에서 자신을 대신하거나 함께 협력해 나갈 수 있는 사람이 필요하다. 따라서 리더에게는 인재를 알아보는 눈이 정말로 중요하다. 이는 리더의 필수 역량이기도 하다.

적합한 인재를 찾아내는 것은 인재 경영에서 첫 번째로 중요한 과정이며, 그 과정에서 유념할 사항이 있다. 첫째, 선택하는 사람은 그 자체로만 판단하는 것이 좋다. 사람은 쉽게 바뀌지 않는 속성을 가졌다. 따라서 잠재력이 있는 것은 좋지만 겉으로 나타난 것만으로 판단하는 것이 우선이다. 둘째, 굳이 그 사람에게서 얻어 낼 수 없는 그 무엇을 바라지 말아야 한다. 단지 보유한 것을 발휘하는 정도만을 기대하는 것이 옳다.

특히 작은 기업은 채용 시장에서 먼저 모집 문제를 해결하고, 그 후에 선별 문제로 가야 한다. 그것이 현실이다. 그럼에도 최종 인재 선택은 매우 중요한 문제임을 잊어서는 안 된다. 선발 단계에서 리더는 관찰과 대화를 통해 인재에게 회사 시스템과 문화를 노출해야 한다. 다만 리더는 인재 채용을 통해서 문제가 모두 해결된다는 자세보다는 문제를 해결해 줄 딱 맞는 인재는 없음을 감안하여야 한다.

어느 조직이나 조직의 문제를 해결해 줄 만병 통치용 인재는 없다. 선택한 인재가 조직으로 들어와 자연스럽게 조직의 철학과 문화를 이해하고, 경영자의 리더십 속에서 성과를 함께 만들어 가는 상황으로 진행하는 것이 옳은 방식이다.

조직에 흡수한 인재라면 특정 업무로 그의 역량을 너무 빨리 판단하는 것은 지양해야 한다. 그 이유는 사실 성취라는 것은 워낙 다양한 요소들이 복합적으로 작동하여 이루어지는 경우가 많기 때문이다. 따라서 인재로서의 판단과 그의 역량에 대한 평가는 신중할 필요가 있다.

결국 인재에 대한 평가는 객관적이고 공정해야 한다. 조금 길게 들여다봐야 보이는 경우가 많다. 시간을 가지고 다면평가를 통해 그 사람이 가진 다양한 특장점과 그 부분이 조직과 어떻게 조화를 이루는지 파악하는 것이 중요하다.

또한 인재는 일을 진행하거나 혹은 계획을 수립하는 과정에서 그의 자세와 행동을 확인하는 것도 잊어서는 안 된다. 간혹 말만 있고 행동이 없는 경우가 있기 때문이다. 오로지 자신의 안위 혹은 처세를 위한 실질적인 준비가 되지 않은 임기응변일 수도 있다.

리더라면 항상 소통을 통해 인재를 파악하고 문제에 접근해야 한다. 그래야 미래지향적인 대안을 찾는 좋은 기회를 가질 수 있다. 더불어 조화로운 협업에 대한 긍정적인 자세가 조직이나 참여하는 인재 스스로에게 핵심 가치로 지녀야 할 영역임도 포함시키는 것이 좋다.

한번 인정받은 인재라도 조직에서 언제까지 남아 있지는 않는다. 끊임없는 성찰과 지속적인 계발이 이루어지고 있는가를 살펴야 한다. 자신의 몸에 맞는 골프 클럽이 좋은 스코어를 내듯, 리더에게 도움을 주는 인재를 발굴하여 함께 성공의 초석을 놓아야 할 것이다.

멀리건도 컨시드도 타이밍이 중요하다
리더도 평판을 받는다

골프 라운드를 할 때 실력 차이가 커서 서로 게임 상대로 어울리지 않는 경우가 있을 수 있다. 그런데 골프는 실력 차이가 나도 함께할 수 있는 경기다. 실력 차이를 줄일 수 있는 멀리건mulligan이라는 방법이 있기 때문이다.

그 유래는 멀리건이라는 사람이 실력 차이가 나는 골퍼들과 경기를 하면서 다시 칠 수 있는 기회를 달라고 요청한 것에서 시작되었다고 한다.

멀리건의 공식적인 정의는 최초의 샷이 잘못되어도 벌타 없이 세컨드 샷을 주는 것을 말한다. 우리나라에서는 몰간이라고도 하며, 미국에서는 멀리건 대신 '브렉퍼스트 볼breakfast ball'이라고도 한다. 그 이유는 아침 식사 후 소화가 되기 전에 샷을 하면

미스가 나는 히트로, 세컨드 샷을 할 때 이 샷을 무벌타로 다시 한번 치게 해 주기 때문이다.

비기너는 물론 싱글 골퍼들도 첫 홀에서는 긴장감으로 실수가 없을 수 없다. 이때 멀리건은 자연스럽게 긴장감을 풀어 주는 중요한 역할을 한다. 그래서 스타트하는 1번 홀부터 적용하는 것이 대부분이다.

다만 라운드 동료의 실력 차이가 너무 클 경우, 경기 전에 미리 전반 9홀과 후반 9홀에 각각 1개씩 미리 허용하는 경우도 있다. 골프는 멘탈이 중요한 경기여서 안정적인 상태에서 게임을 즐길 수 있게 하기 위한 배려로 보면 될 것이다.

또한 컨시드를 주는 경우도 주의할 부분이 있다. 컨시드를 받게 되는 상대방이 마무리를 끝까지 하고 싶어하는 경우가 있다. 이때 아무리 짧은 거리라도 상대방의 의중을 감안하지 않고 함부로 컨시드를 주는 것은 결례가 될 수도 있다.

한편 상황이 더블파 이상을 기록하는 정도의 스코어라면 굳이 끝까지 퍼트를 고집하기보다 컨시드라는 매너를 받아들이는 자세를 갖는 것도 예의다. 이처럼 멀리건도 구사하고 컨시드도 적절하게 사용하는 정도라면 굿 플레이어로 인정받을 것이다.

물론 굿 플레이어로서 매력 있는 골프 라운드 파트너가 되는 방법은 멀리건과 컨시드 외에도 몇 가지 비결이 있다.

먼저 라운드 분위기를 부드럽게 하는 유머 감각은 정말로 좋은 비결이다. 물론 유머를 장소와 분위기에 따라 적절하게 구사한다면 함께하는 이들로부터 환영을 받을 것이다. 사실 경기가 생각대로 전개되지 않을 때 입을 굳게 다물어 버리는 골퍼들이 있다. 반면 유머가 있는 골퍼들은 결정적인 상황에서 실수를 하더라도 웃으면서 넘어갈 수 있도록 분위기를 조성한다.

예를 들어 내리막 퍼팅을 할 때 짧은 퍼트임에도 공이 홀을 훌쩍 지나 멀리 내려가는 경우도 있다. 이때 "우와! 사채 쓰는 것도 아닌데 이자가 엄청나구먼!" 하면서 상대방의 기분을 먼저 배려하는 유머를 던지는 방식을 추천한다.

이렇게 라운드 도중에 일어나는 상황에 맞게 유머를 적절히 구사한다면, 함께하는 동료들에게는 물론이고 어느 자리에서든 환영받는 굿 플레이어가 될 수 있다.

또한 칭찬은 과감하게 하고, 대신 충고는 신중하게 하는 것이 비결 중의 하나다. 골퍼로서의 긍지를 느끼게 하는 칭찬은 정말 좋다. 그러나 어줍잖은 충고는 자존심을 상하게 하는 경우도 있으므로 조심해야 할 부분이다.

그리고 미리 골프장에 대한 정보를 알고 가는 것도 좋은 비결이다. 골프 코스 공략도 같은 것을 미리 준비하여 동료들과 공유하는 것도 좋은 방법이다. 인터넷에서 쉽게 구할 수 있는 자료이니 추천하고 싶다.

볼이나 티 등을 충분히 준비하는 것도 좋다. 혹시 모를 상황에 처한 파트너에게 말없이 재빨리 건네 준다면 좋은 인상을 남길 수 있을 것이다.

한편 라운드를 하면서 있었던 좋은 추억을 경기를 마친 후 후기 형식으로 문자나 SNS를 통해 상대방과 공유하는 것도 좋은 비결이다. 골프를 정말 즐기는 사람이라면 이외에도 좋은 방법이 많을 것이다. 골프 연습도 그렇지만 이처럼 작은 매너를 갖추려는 노력도 중요하다.

골프에서 좋은 평판을 얻는 방법이 있듯이, 기업 경영을 하는데도 평판이 좋은 인재가 필요하다. 그런데 조직원들만 평판을 받는 것은 아니다. 리더도 평판을 받는다. 누구라도 좋은 평판을 받고자 하는 것은 인지상정이다. 따라서 좋은 평판을 받기 위해 리더들에게도 몇 가지 노력이 필요하다.

리더는 목표와 성과를 이루어 내기 위해 자신의 생각과 신념, 그리고 일의 목적에 맞은 의도를 구축하여야 한다. 더불어 조직원들과 함께 나아가는 역할의 선봉장이 되는 자리이므로 이런 역할에 걸맞는 역량과 노력을 기울여야 한다.

첫째, 리더라면 조직원들의 신망과 믿음을 얻어야 한다. 존경까지는 어렵더라도 최소한 조직원들이 함께 추진할 목표와 방향에 대한 마음의 동조는 얻어야 한다. 그것의 바탕은 바로 리더의 의지와 신뢰다.

리더들이 자주 하는 말은 "여러분, 저를 믿고 함께 갑시다!"일 것이다. 여기서 '믿고'라는 말에 주목할 필요가 있다. 리더가 조직원들에게 '믿고'라는 단어를 말하려면, 먼저 본인 스스로 평소에 '신뢰성trustworthiness'을 갖고 있어야 한다. 또한 이를 수시로 나타낼 수 있어야 한다. 즉 리더가 조직원들이 믿고 따를 만한 가치 있는 행동을 보여 주어야 한다는 것이다. 이러한 선행조치 없이 무조건 믿으라고 한다면 그 누구도 신뢰를 주는 일은 없을 것이다. 이는 결국 리더의 말과 행동에서 나타나므로 솔선수범이라는 말이 중요하다.

둘째, 리더는 권위주의 혹은 명예에 취해서는 안 된다. 조직원들을 오로지 자신의 욕심을 채우기 위한 방법으로, 언제 어디서든 자기 마음대로 이용하는 자세를 가져서는 안 된다. 조직원들을 권위로 이끄는 것이 아니고, 철저한 전략 속에서 서로 밀고 끌고 하는 협력을 통한 공동 작업임을 깨닫고, 이를 끄집어 내는 것이 중요하다.

셋째, 결정적인 순간 일의 성패에 대한 책임을 회피하는 자세는 정말로 꽝이다. 일의 성공은 조직원들의 힘이라는 겸손함이 있어야 하고, 일의 실패는 자신에게 있다는 책임지는 자세가 중요하다.

이러한 리더의 태도는 안에서는 조직원이, 밖에서는 경쟁자와 협력하는 타인의 눈으로 늘 평가받고 있음을 알아야 한다. 특히 리더라면 이를 두려워하는 자세를 지녀야 한다.

이 외에도 감정적인 자세보다는 냉철하고 이성적인 자세를, 성공에만 집착하는 강박증을 갖는 것도 경계해야 할 자세다.

골프에서 굿 플레이어라는 평가도 받고, 함께하고 싶은 동료가 되고자 하는 마음을 갖고 이를 준비하는 사람이라면, 리더의 자세를 경계할 줄도 알고 그 가치를 가늠할 줄도 알아야 하는 것이다.

파 3홀을 공략하는 첫걸음은 평정심
진퇴를 아는 리더

18홀을 도는 골프 경기에서 파 3홀짜리 코스는 길이도 짧고 코스 읽기가 수월하다. 그래서 아마추어 골퍼들이 파를 노리기에 아주 좋다고 여길 것이다. 하지만 파 3홀 코스는 실수를 용납하지 않는다. 프로들은 늘 버디를 노려야 하기에 짧은 코스에서는 버디 기회를 잡기가 힘들어 부담스러워하기도 한다.

우리나라 골프장 코스는 파 3홀 코스를 4개 홀 정도 배치하고 있다. 프로가 아닌 이상 파 3홀 코스는 18홀 중 쉬어 가는 홀이라고 생각하면 어떨까 한다. 다시 말해 파 3홀 코스는 공략만 잘하면 귀중한 파 세이브를 4개나 잡을 수 있는 기회를 얻을 수 있어 스코어에 관해서는 매우 중요한 코스로 볼 수 있다.

먼저 기술적인 영역에서 파 3홀 코스를 공략하는 방법을 미국의 골프 매거진에서 분석한 정보를 활용해 보자. 프로라면 늘 버디를 염두에 두어야 하기에 파 3홀 코스는 1온, 1퍼팅만으로 홀 컵에 넣어야 하는 부담이 있다. 그렇지만 아마추어들은 파 세이브를 위한 기술적 조언을 잘 활용한다면 베스트 스코어를 얻을 기회를 가질 수 있다.

골프 매거진에 소개된 공략 기술을 구체적으로 들여다보자.

먼저 핀의 위치에 따라 클럽 선택에 관한 것부터 살펴보자. 파 3홀 코스라도 요즘 골프장은 앞뒤 거리가 30야드 이상인 곳도 많다. 30야드 이상이라는 것은 클럽 선택에 있어 핀의 위치에 따라 3클럽 이상 차이가 날 수도 있다. 따라서 그린이 작더라도 백 back 핀이면 1-2클럽을 더 잡는 편이 낫다. 통상 그린 뒤보다는 그린 전방 양쪽에 장애물이 많기 때문에 그렇다. 보통 골프에서 "조금 긴 것이 짧은 것보다 낫다"는 말을 기억해 두자. 그러므로 조금 더 긴 궤적을 추구하는 것이 좋다.

다음은 클럽을 선택할 때 자신만의 선택에 집중해야 한다. 다른 사람이 아이언을 잡는다고 무조건 따라할 필요는 없다. 우드가 더 나을 것 같으면 우드를 선택해도 된다. 스코어는 어떤 클럽으로 그 스코어를 만들었는지 상관하지 않는다. 오직 자신에게 맞는 클럽을 선택하는 것이 올바른 선택이고, 그 선택은 스코어를 좋게 표현해 줄 것이다.

아이언으로 150야드를 친다고 승자가 되는 것이 아니다. 오직

파를 잡는 사람이 승자가 될 기회가 생기는 것이다. 클럽이 무엇이고, 비거리가 얼마건 간에 모든 평가는 스코어로 나타난다. 자신에게 맞는 클럽 선택만이 스코어를 행복하게 기록할 수 있는 것이다. 남의 눈은 신경쓰지 않아도 된다.

코스 공략에 다소 어려움을 겪을 경우 클럽 선택을 망설일 수도 있다. 공략 거리가 140야드라고 할 때, 8번 아이언이 좋을지 아니면 조금 여유 있게 7번 아이언을 선택해야 할지 망설여지는 경우가 있다.

그때 보통 티를 높게 사용하는 스타일이라면 긴 클럽을 택하는 것이 좋다. 티가 높을 경우 볼이 높은 궤적을 그리기에 그렇다. 그런데 파 3홀 코스에서는 티업을 하지 않는 습관이 있다면 탄도를 낮게 하고, 런도 나올 기회를 가져야 하기에 클럽은 짧은 것을 택하는 것이 좋다. 그리고 긴 클럽을 선택하였다면 이왕이면 티 마크에서 조금 뒤로 물러난 지점에서 샷을 하는 것도 좋은 방법이다.

그리고 골프장의 바람에 대한 주의도 기울여야 한다. 깃발이 흩날리지 않더라도 골프장은 늘 바람을 염두에 두고 코스를 공략해야 한다. 깃발보다는 그린 주변의 나뭇잎을 살피는 것도 좋은 방법이다. 또 캐디에게 바람에 대한 조언을 구하는 것도 좋다.

파 3홀 코스는 그린 주변에 워터 해저드나 벙커 등 장애물을 많이 배치해 놓는다. 따라서 핀을 직접 겨냥하는 것보다는 자신의 구질에 맞추어 해저드를 피해 그린의 여유 공간이 많은 쪽을 공략하는 것이 파 세이브를 가져올 기회가 많다.

한편 기술적인 요령 외에도 파 3홀 코스는 다른 코스도 마찬가지지만 특히 평정심이 중요하다. 골프채를 쥐고 있는 상황에서는 마음의 평정심이 중요함을 잊어서는 안 된다. 골프는 기술 20%, 멘탈 80%이라는 말을 많이 들었을 것이다. 곧 멘탈 싸움인 골프에서 승리의 요인은 80%를 차지하는 정신력인데, 이는 곧 얼마나 평정심을 유지하는 힘이 있는가를 의미하는 것이다.

평정심 하면 calm고요, equanimity침착, balance균형, serenity평온, stability평형, composure냉정. 침착 같은 단어들을 떠올릴 것이다. 그런데 대부분 평정심을 유지하기 위해 노심초사하는 경우가 많다. 억지로 평정심을 유지하려고 하면 도리어 평정심을 잃는 수도 있다.

노심초사는 평정심의 대척점에 있는 마음인데, 평정심을 위해 노심초사하는 것은 어불성설이다. 좀 더 담대하게 있는 그대로를 표현하는 것이 평정심을 가질 수 있지 않을까 싶다. 억지로 곤란한 상황에서 참는 것만이 평정심을 유지하는 것이 아니다. 눈물이 나는 상황이면 찔끔 흘리고 그 상황을 벗어나 마음을 다잡는 것이 훨씬 낫다. 부글부글 끓는 용암 덩어리를 가슴에 품고 경기할 것인가, 용암 덩어리를 빨리 밖으로 분출하고 홀가분하게 경기를 진행하는 것이 좋은지는 누구라도 알 것이다.

골프에서의 평정심. 특히 파 3홀 코스에서의 평정심처럼 리더라면 반드시 진퇴를 알고 물러설 줄 알아야 훌륭한 리더가 되는 것이다. 제갈공명의 장수론을 살펴보면 유독 눈에 띄는 부분이 5선4욕이다. 먼저 5선은 장수가 직무를 수행함에 있어 꼭 챙겨야 할 부분이다. 적의 동태를 잘 읽어야 하고, 진퇴 시기를 잘 파악하여야 하며, 강약과 허실은 물론 하늘의 때를 알고 부하를 잘 통솔해야 하고, 지형의 험난함을 잘 살펴야 한다는 것이다. 4욕은 적의 의표를 찔러야 하고, 계책은 엄밀하고 신중해야 하며, 임기응변 때도 침착하고 냉정하게 대처해야 하며, 작전 시 마음이 하나같이 변치 않아야 하는 것이다.

바로 이 5선4욕에서 두 번째 선인 진퇴지도를 주목해야 한다. 바로 인재는 나아가고 물러갈 바를 잘 알아야 된다는 것이다. 사실 골프뿐 아니라 비즈니스 현장에도 앞으로 직진만을 고집하는 것보다는 물러설 줄도 아는 것이 매우 중요함을 이르는 말이다.

어디로 물러나야 되는지를 아는 정도면 하수下手이고, 어떻게 물러나야 되는지도 안다면 중수中手요, 언제 물러나야 할지를 정확히 안다면 상수上手라는 말이 있다. 물러섬을 모를 경우가 정말 위험한 이유는 두려움과 공포심 혹은 이기심에 빠진 상태에서의 의사 결정은 어디로 방향이 결정되는지를 가늠할 수 없기 때문이다. 자칫 시기를 놓치면, 경영의 패착 중에 가장 큰 것 중 하나인 매몰비용Sunk Cost만 늘어나고, 주변이 등을 돌리고 기회를 상실하게 된다. 따라서 다시 회복하기 어려운 신뢰, 곧 믿음에 상처를 받을 수 있기에 주의를 요하는 것이다.

어렵고 힘든 상황이 오면 누구라도 나아가려니 두렵고, 물러서려니 아쉬움이 남는 것은 당연하다. 바로 그때 한 걸음을 떼는 용기가 필요하다. 바로 골프에서의 가장 중요한 자세인 평정심이다. 냉철한 판단과 차가운 이성을 통해 털어 버릴 수 있어야 한다. 나아가야 할 때 리더가 주저하면 기회는 저 멀리 날아가 버리며, 사람이 추하게 된다. 또한 함께 따르던 다른 이들도 눈치 작전에 돌입하여 혼자만의 살기를 추구하게 되는 것이다.

리더가 바라보는 인재라면 누구와 가야 하는지, 어디로 가야 하는지, 어떻게 가야 하는지, 언제 가야 하는지를 아는 사람이다.

과거 우리 선조들은 어릴 때 천자문千字文을 떼고 나면 계몽편啓蒙篇을 공부하였다. 계몽편 말미에 '구용九容', 즉 '아홉 가지 올바른 몸가짐'에 대한 가르침이 있다. 그중에 진퇴에 관한 좋은 말이 있다. 바로 입용덕立容德이라는 구절이다. 입용덕은 "서 있는 모습을 덕이 있게 하라"는 뜻이다. 덕이 있게 서 있다는 것은, 서 있을 자리와 물러설 자리를 아는 것을 말하는 것이다. 바로 진퇴를 분명히 하는 것을 이르는 말이다.

아무리 자리를 차고 있어도 옹색한 사람이 있고, 자리에서 물러나도 당당한 사람이 있다. 당신은 어떤 자리를 차지하고 싶은가.

싱글 골퍼가 되는 데 경험만큼 좋은 것은 없다
직간접 경험의 중요성

골프에서 싱글이란 정확하게 한 자릿수 오버라는 의미다. 즉 싱글이란 18홀을 9오버파 이내로 마무리하는 것을 말한다. 골프는 18홀의 기준 타수가 72타다. 즉 72타로 구성되어 있는 18홀을 81타 이내로 마치는 실력을 싱글이라고 한다.

사실 싱글은 골프 용어는 아니고 아마추어들이 주로 사용한다. 그렇지만 골프를 치는 사람들 사이에서 정말로 대접을 받을 만한 훌륭한 실력의 소유자를 의미한다.

그러나 한편에서는 진정한 싱글은 7자를 그려야 한다는 말도 있다. 단순히 한 자릿수 오버파를 의미한다기보다는 79타까지를 싱글이라고 표현하는 경우도 있다. 그런 주장은 골프장에서 18홀을 라운드하는 동안 골프 규정상 적게는 1~2타, 많게는 5~6타 정도는 골프 규칙을 어떻게 적용하는가에 따라서 융통성을 줄 수 있기에 그런 것이다. 그래서 진정한 싱글은 79타 정도는 되어야 한다는 주장도 설득력이 있다. 결국 73타부터 81타까지를 싱글 골퍼라고 하면 되는 것이다.

한편 핸디라는 말도 있는데, 이는 핸디캡을 줄여서 하는 말이다. 골프장에서 18홀을 모두 파par를 한다고 하면 골프 스코어는 72타가 되는 것이고, 이 72타를 넘는 경우의 스코어를 표현하는 것을 핸디캡이라고 한다. 통상 가장 재미를 느끼기 시작하는 시점인 평균 90타라고 하면, 이 골퍼의 핸디는 18이라고 표현한다.

이 핸디캡은 지속적인 노력을 통해 스코어를 줄이면 자연히 내려가게 되고, 최근 16번 정도 라운드를 마친 핸디의 수가 한 자리가 되면 싱글이라는 칭호를 얻게 된다. 물론 계속 업데이트되면서 스코어가 올라간다면 싱글이라는 칭호도 날아가므로 꾸준한 연습으로 지속적인 스코어를 유지하는 것이 중요하다. 더불어 스코어가 72타를 기록한다면 이는 이븐even을 친다고 하고, 프로 선수들은 언더under의 스코어를 유지한다.

그럼 이렇게 스코어상으로 표현되는 싱글이 갖는 의미가 무엇인지 알아야, 아마추어로서 싱글을 목표로 하는 사람이라면 좀 더 다가갈 욕심이 날 것이다.

싱글의 의미는 한 번 그 타수를 달성했다고 칭하는 것이 아니다. 그러한 칭호를 달려면 골프 게임 타수를 대략 16게임 정도를 놓고 평균한 값이 한 자릿수를 지니는 것을 말한다. 따라서 아마추어로서 싱글을 친다는 것은 아주 드문 실력자를 말하는 것이다.

이 정도의 실력을 소유하려면 적어도 몇 가지는 반드시 갖추어야 얻을 수 있는 타이틀이다. 그중에서 첫 번째는 멘탈 관리다. 골프는 멘탈 스포츠이므로 멘탈이 흔들리면 스윙이 흔들리게 되고, 그러면 공도 역시 흔들릴 수밖에 없다.

골프는 순전히 개인 스포츠이므로 본인이 무너진다면 도와줄 팀 동료가 없어 스스로 멘탈을 유지하고 관리하여야 한다. 아까운 샷을 하더라도, 혹은 1미터 이내의 퍼팅을 실수하는 경우라도 절대 멘탈이 무너지거나 흔들려서는 안 된다.

두 번째는 어프로치와 퍼팅에 대한 변함없는 실력이다. 이는 라운드를 많이 나가서 감을 익히는 수밖에 없지만, 노력을 해야만 하는 과제다. 골프장마다 그린 상태가 다르므로 해당 골프장에서 라운드를 시작하기 전에 미리 골프장을 찾아가는 여유 있는 도착은 필수적이다. 이유는 퍼터 연습장에서 그린에서 공의 구르는 정도를 테스트하는 자세가 필요하기 때문이다. 이 정도는 해야 파 4홀 라운드에서 2온을 하지 못할 경우라도 어프로치와 퍼터로 파 세이브를 하는 정도가 될 수 있다.

세 번째는 공이 러프나 벙커에 들어갔을 때, 혹은 경사로 인해 어려움을 겪을 경우 지속적이고 꾸준한 라운드 경험을 통해 해결 능력을 습득하여야 한다. 사실 벙커 샷을 제대로 배우기 위해서는 직접 경험해 보는 것이 좋다. 벙커에 들어가서 때려봐야 공이 긴 러프로 인해 거의 보이지 않을 때 어떻게 쳐야 할지 알 수 있다. 즉 그 위기를 어떻게 극복할지는 경험을 통해 습득하는 수밖에 없는 것이다.

이렇듯 싱글로 가는 길이 쉽지 않듯이 리더의 길 역시 만만치 않다. 우리말 중에 "자리가 사람을 만든다"고 한다. 어떤 방식으로 간에 일단 리더의 자리에 오르면 그 자리에서 주어진 역할을 수행해 가면서 자연히 리더로서의 자질을 키울 수 있는 기회를 접하게 된다는 의미다.

그러나 기업을 경영한다는 것은 리더의 자리를 스스로 확보하는 것이기에 반드시 리더로서의 자질을 먼저 만들어야 한다. 그리고 그 자질을 통해 리더의 자리에 오르는 기회를 가져야 하는 것이다. 이럴 경우 리더의 자질 함양을 위한 지혜가 무엇인지 안다면 도움이 될 것이다.

사실 세상을 살아가는 모든 지혜를 배우기 시작하는 곳은 가정이다. 또 이 세상을 살아가는 방법은 유치원에서 모두 배울 수 있다는 말도 있으니, 리더의 자질은 아주 어릴 적부터 기초가 생성된다는 것을 알 수 있다.

리더의 자질을 갖고 태어나는 사람도 있는 것 같다. 그래서 어릴 때 부모의 적당한 자극은 자녀의 리더십 함양에 좋은 역할을 하기도 한다. 그러한 좋은 환경 중의 하나는 대화의 장이 좋은 예가 될 수 있다. 자녀들과 대화를 나누고 그들의 의견에 귀를 기울이며 진지한 태도로 대하는 부모의 자세가 중요하다. 이런 환경이라면 자녀들은 자신과 다른 의견을 포용하고 중재하는 자질이 자라나는 것이다.

즉 리더에게는 소통에 대한 자질이 반드시 필요한데, 작은 소리도 귀를 기울이는 자세를 연마하는 방법이 되기도 하는 것이다. 또한 그런 경험이 있으면 자연스럽게 자기 주장을 대중 앞에서 소신 있게 펼칠 수 있는 설득력이 길러진다.

리더가 되려면 조직원들에게 한 방향의 동기 부여 및 추진에 대한 협력을 이끌 수 있는 설득력이 필요하다. 더불어 부모가 솔선하여 봉사하는 모습과 진실된 자세를 보여 준다면, 부모와 자녀 간에 서로 존중하는 마음가짐은 물론이고 협동심과 봉사정신도 갖추게 된다. 이렇듯 리더라면 남을 존중하고 배려할 줄 아는 마음이 체득되도록 정진해야 한다. 리더는 우연히 만들어지는 것이 아니다.

Chapter 04

조직 관리

골프는 볼을 구멍에 넣는 게임이다.

골프백 속에서 볼을 구멍에 넣는 도구는 퍼터뿐이다.

그 퍼터 연습을 왜 처음부터 하지 않는가.

– 잭 버크

비즈니스 골프 라운드를 위한 매너
조직 관리의 기본은 솔선수범

골퍼들이라면 특히 에티켓에 주목할 필요가 있다. 가장 기본
적인 자세는 18홀 내내 유쾌하게 라운드를 하기 위한 노력을 들
수 있다. 쉽지만 쉽지 않은 것이 바로 유쾌한 분위기다. 유쾌한
분위기를 위해 화내는 것은 금물이다.

또한 함께하는 동료들이 어떤 이야기를 좋아하는지 정도는 알
아야 할 것이다. 아마도 가장 초보적인 사교 기술이 아닐까 싶다.

골프는 처음 만난 사람도 10년 이상 가까운 친구가 될 수 있
고, 30년 친구 사이를 멀어지게 하는 마력을 지니고 있다.

골프의 본고장인 스코틀랜드에 "골프 친구 셋이 18홀을 마치
고 나면 적이 셋으로 변하는 것은 골프 게임 외에는 없다. There
is no game like golf, you go out with three friends, play eighteen holes, and

return with three enemies"는 속담이 있는 것을 보면 참으로 오묘한 게임이다.

우리나라 골프 인구는 상당히 많은 편이다. 스크린 골프를 포함하여 연인원 약 2천만 명이라는 말이 있을 정도다. 자연을 즐길 수 있는 골프장도 전국에 400여 개가 넘으니 정말 많은 편이다.

그런데 아이러니하게도 골프장이 모두 흑자를 기록하는 것은 아니다. 일부는 경영난에 처하기도 한다. 이렇게 많은 사람이 즐기고 나 또한 비즈니스 골프를 치다 보니, 자연스럽게 골프에 대한 매너 혹은 에티켓을 주의 깊게 살피게 된다.

먼저 가장 기본적인 에티켓을 아는 것부터 시작하면 좋겠다. 골프를 즐기는 사람들과 만나면서 느끼고 들은 내용도 있고, 책이나 방송 등을 통해 체득한 것들을 정리해 보겠다.

우선 하지 말아야 할 것을 알면 좋을 것이다. 골프는 멘탈 운동이어서 코스에서 말 한마디로 분위기가 엉망이 되는 경우도 있다. 특히 한마디 말로 상대방의 자존심을 무너뜨리는 경우는 특히 조심해야 한다. 이를테면 골프 규칙을 어기는 경우, 동료에게 직접 지적을 하는 것은 절대 금물이다. 잘못에 대한 지적이나 조언은 간접적으로 하는 것이 매너.

또한 어떤 상황에서든 상대방의 체면을 세워 주는 자세를 지녀야 한다. 플레이가 엉망이라도 욕을 해서는 곤란하다. 실력 차이가 나는 동료에게 원하지도 않는데 굳이 원 포인트 레슨을 해 주는 것도 주의해야 한다. 반대로 상대방의 굿 플레이, 굿 샷이 나오면 아주 적극적으로 칭찬을 아끼지 말아야 한다.

라운드를 할 때는 5시간 이상 대화를 할 수밖에 없다. 그때 말을 많이 하기보다는 상대방의 말을 많이 듣는 것이 좋다. 서로 존중해 주는 자세로 경청할 것을 권한다. 이런 자세는 골프뿐만 아니라 모든 인간 관계의 기본 중의 기본이다.

그리고 라운드 후에 목욕탕에서 친숙해질 수 있는 기회가 있다. 사교 골프를 하는 사람이라면 골프로 형성되는 인맥을 위하여 매너를 지켜야 한다. 함께하는 동반자들을 배려하는 따뜻한 마음가짐은 필수다.

골프에서 절대 서둘러서는 안 된다. 여유를 갖고 골프장에 일찍 도착하는 것이 본인의 첫인상에도 좋고 그날의 스코어에도 영향을 미친다. 티 오프 한 시간 전에 도착해 프런트 앞에서 상대를 기다리는 것이 좋다.

또한 유머를 거부하는 사람은 없으므로 가벼운 유머 정도는 미리 준비해 두라. 그리고 경기 중에 드롭이나 OB, OK 등도 너무 엄격하게 적용하지 않는 여유를 가져라. 라운드 때 되도록 핸드폰 통화는 하지 않는 것이 좋다. 흐름이나 분위기를 깨는 통화는 상대방에 대한 배려에 관한 문제다.

사실 골프에서 내기는 종종 있는 일이다. 그럴 경우 가볍게, 주머니가 부담스럽지 않을 정도가 좋다. 내기를 하면 알게 모르게 긴장감을 유지할 수 있어 게임에 재미를 더하게 해 주는 좋은 점도 많다.

원래 골프 룰에서 먼저 샷을 하는 경우는 홀에서 먼 사람이 하는 것이 원칙이다. 그러나 비즈니스 골프이고 친선 게임이기에 상대를 배려할 수 있어야 한다. 한 템포 쉬어야 할 경우라면 상대방에서 양해를 구하고 먼저 샷을 하는 것도 좋다. 이런 자세는 상대에게 한숨 돌릴 시간과 여유를 찾도록 도움을 주기에 필요하다. 대신 자신에게는 엄격하게 룰을 적용한다면 상대방에게 아주 좋은 인상을 줄 수 있다. 이는 그날 이후 당신에 대한 신뢰감을 월등히 높이는 기회를 제공할 것이다.

비즈니스의 생명은 관계의 활용이 아주 중요한 요소다. 더불어 리더에게 성공을 가져오는 중요한 요소이기도 하다. 골프에서 몸에 밴 매너와 에티켓을 중시하는 사람이라면, 솔선수범도 자연스럽게 몸에 배어 있을 것이다. 조직 관리에서 특히 리더의 솔선수범이 중요하다.

조직에는 눈이 많이 있다. 이는 결국 리더의 솔선수범이 자연스럽게 주목을 받을 수밖에 없는 환경이다. 리더는 리더십을 발휘하려면 반드시 행동으로 보여 주는 자세를 지녀야 한다. 조직원들은 리더의 행동을 보고 그의 진정한 조력자가 될지, 아니면 리더의 영향 밖에서 겉도는 자세를 지닐지도 결정된다.

미국의 라이언 왓슨이라는 과학자가 주장한 '백 마리째 원숭이 현상'이라는 연구 결과가 있다. 어떤 행위를 하는 개체수가 일정 수에 다다르면, 그 행위는 해당 집단에만 국한하지 않고 공간을 넘어 다른 집단에게도 확산되어 가는 현상을 말하는 것이다. 많은 동물학자와 심리학자가 여러 실험을 통하여 검증한 결과다.

이 주장의 근거는 1950년 일본 미야자키현의 고지마라는 무인도에서 일어난 사건이다. 고지마라는 무인도에는 원숭이가 20여 마리 살고 있었다. 이 원숭이들의 양식은 주로 고구마였다. 처음에는 원숭이들이 고구마를 먹을 때 손으로 흙을 털어내고 먹었다. 그런데 어느 날 한 원숭이가 고구마를 강물에 씻어서 먹기 시작한 것이다.

이를 본 다른 원숭이들도 하나둘 강물에 고구마 씻어 먹기 시작했다. 누군가가 먼저 행한 '씻어 먹기'라는 새로운 행위가 어느새 전체 무리의 새로운 행동 양식으로 정착하게 된 것이다.

이러한 행동 양식을 따라하는 원숭이 숫자가 어느 정도 늘어나자, 다른 지역의 원숭이들도 고구마를 씻어 먹는 행위가 동시다발적으로 나타나기 시작했다. 신기하게도 고지마와 아주 멀리 떨어진 다카자키산을 비롯한 다른 지역에서 서식하는 원숭이들도 역시 고구마를 씻어 먹는 행위를 하게 된 것이다.

서로 전혀 접촉이 없고, 인간처럼 정보 소통도 할 수 없는 상황인데도 마치 신호를 보낸 것처럼 행위에 관한 정보가 흘러간 것이다. 아마도 리더의 솔선수범은 이같이 알게 모르게 조직원뿐만 아니라 관계를 형성한 네트워크에서 그 빛을 발할 것이다.

이런 이유로 리더는 모든 부문에서 원칙과 규정을 준수하고, 성품과 역량 등 모든 면에서 존경받는 사람이 되어야 한다. 언행일치가 되지 않는 리더는 절대로 인정받을 수 없다. 따라서 리더는 조직에게 요구하는 기본 행동 양식과 원칙을 먼저 솔선수범하고 철저히 준수하여 모범이 되어야 한다.

누군가 당신을 지켜보고 있음을 잊지 마라.

성공적인 라운드 파트너로 평가받으려면
조직의 지속 성장을 위한 원칙

스포츠는 반드시 룰이 있다. 그러나 경기가 과열되면 참가자들은 룰을 잊기 쉽다. 이러한 것을 방지하기 위해 거의 모든 스포츠는 경기장에 심판을 둔다. 하지만 골프는 심판이 없는 유일한 스포츠다. 골프에는 에티켓과 매너가 있기 때문이다.

이 에티켓과 매너의 기본은 '자기에게 유리하게 행동하지 않는다'와 '볼은 있는 그대로 플레이한다'는 것이 대원칙이다. 이 두 가지가 모든 골프 규칙의 근원이라고 해도 과언이 아니다. 즉 매너 있는 골퍼야말로 진정한 골퍼라 할 수 있으며, 라운드를 하려면 이 기본에 대한 원칙에 동의하고 준수하여야 하는 것이다.

라운드 파트너로서뿐 아니라 모든 플레이어가 지켜야 하는 행동에 관한 기준으로 가장 기본 중의 기본은 "모든 플레이어는 골프 정신에 따라 플레이하여야 한다"이다. 즉 규칙을 따르고 모든 페널티를 적용하며, 어떤 상황에서도 정직하게 플레이하여야 한다.

그리고 타인을 배려하는 자세로 신속하게 플레이를 하고 타인의 안전을 살피며 다른 플레이어에게 방해가 되어선 안 된다. 또한 디봇은 제자리에 갖다 놓고, 벙커는 정리하며, 볼 자국도 수리하고, 코스에 불필요한 손상을 입히지 않는 자세로 코스를 보호하는 데 노력을 기울여야 한다.

물론 골퍼들은 이와 같이 행동하지 않는다. 그래도 어떤 페널티를 받는 것은 아니다. 그러나 플레이어가 골프 정신에 어긋나는 부당한 행동을 한 것으로 판단될 경우, 위원회는 그 플레이어를 해당 경기에서 실격시킬 수 있다. 물론 페널티를 주는 경우도 있다. 그건 페널티가 행동 수칙에 채택되어 있는 경우이며, 1벌타또는 일반 페널티와 같은 페널티를 부과하는 경우도 있다.

골프 연습할 때 스윙을 가르쳐 주는 프로는 있지만 매너를 알려주지는 않는다. 그리고 골프를 잘하고자 하는 사람은 넘쳐나지만, 매너 있는 골퍼가 되고자 하는 사람은 드물다. 그러나 골프에서 가장 먼저 익혀야 할 부분은 그립을 잡는 법보다 골프채를 선택하는 방법보다 매너와 에티켓을 배우는 것이다. 이는 비즈니스 골프에 있어 라운드 파트너로서 평가받을 때 매우 중요한 요소다. 골프 파트너로서 굿 플레이어로 인정을 받지 못하는 경우를 경계하라는 것이다.

조직 관리에 있어서도 사람의 중요성에 대해 놓치는 경우가 없는지 살펴야 한다. 사실 조직을 관리하는 데 길고 멀리 보는 자세를 가져야 올바른 의사 결정을 할 수 있다.

현대 사회의 개인은 크든 작든 조직 구성원으로 조직의 영향력에 의해 큰 영향을 받는 존재다. 때로는 조직의 리더로서, 때로는 조직의 구성원으로 생활하지만, 각 개인은 조직의 방향에 따라 의욕과 보람을 느끼는 데 많은 격차가 있다. 따라서 비효과적인 조직 관리는 갈등과 불만을 초래하여 목표를 달성하기보다는 조직의 와해를 불러온다. 이 경우 가장 우선적인 책임은 그 조직을 이끄는 리더의 책임이라고 볼 수 있다.

조직은 공동의 목표를 가지고 이 목표를 달성하기 위하여 체계화된 구조에 따라 정립된 구성원들로 구성하고, 이 조직원들의 상호작용 속에서 대내외적인 환경에 대응하는 집단이다. 이러한 조직을 성공적으로 이끌기 위해서는 골프의 기본 정신과도 같은 기본 원칙에 대한 고찰이 필요하다.

우선 자신이 속한 조직의 방향과 전략, 중점 과제와 기본 방침을 분명히 해야 한다. 당연히 이러한 조직은 서로 관심과 공유 및 배려가 바탕이 된 팀워크가 있어야 할 것이다. 그러려면 리더가 올바른 가치관을 지님과 동시에 이를 강조한다. 또한 일의 목표에 걸맞은 전문성이 매우 높으며, 올바른 목표와 방향에 대한 추진도 제대로 리드해야 한다. 이는 자연스럽게 성과로 이어진다. 조직이 지속적으로 성장하기를 원한다면 조직을 위한 기본 원칙 9가지에 주목하여야 한다.

첫째, 조직은 비전과 전략을 내재화하고 이를 실천해야 한다.

둘째, 조직을 이끄는 항상성을 유지하는 기본 원칙이 있어야 한다.

셋째, 조직원의 성장을 위한 다양한 제도 등을 포함하여 성장을 위한 제반 프로그램이 존재하여야 한다.

넷째, 소통이 생활화되어 있어야 한다.

다섯째, 조직원 간의 협력과 조화가 이루어져야 한다.

여섯째, 현재 일에 대하여 연속성이 있는 형태를 유지시켜야 한다.

일곱째, 올바른 조직 운영을 당연시하여야 한다.

여덟째, 성장 학습을 통해 발전하는 자세를 지켜나가야 한다.

아홉째, 리더라면 리더답게, 팔로워라면 팔로워답게 해당 역할과 책임에 대한 솔선수범의 자세를 가져야 한다.

이러한 기본 정신을 갖춘 조직이라면 당연히 성공을 얻어 낼 수 있고, 이러한 조직은 자연스럽게 구성원들 스스로는 물론 조직에 대한 자부심도 높을 것이다. 더불어 자신이 조직과 함께 성장하고 있음을 알고 더욱 노력할 것이며, 창의성과 다양한 의견이 존중되는 조직이 되어 다양하고 진취적인 행태가 표출될 것이다.

결국 이런 조직의 종착지는 모두 함께 성장하는 구성원이 될 것이고, 이는 자연스럽게 리더의 성공을 완성하게 된다.

골프에서 기본 정신의 장착으로 스코어의 향상이 이루어진다면, 이는 곧 훌륭한 인간관계의 구축으로 이어진다.

골프에서의 성공과 조직 관리의 성공은 기본 원칙의 올바른 장착과 이에 대한 실천임을 잊지 말자.

기본은 중요하다. 그리고 그 기본은 가까운 곳에 있다.

골프 스윙 원리로 알아본 조직 시스템
보다 경쟁력 있는 조직

프로 골퍼 잭 버크는 "골프는 볼을 구멍에 넣는 게임이다. 골프백 속에서 볼을 구멍에 넣는 도구는 퍼터뿐이다. 그런데 퍼터 연습을 왜 처음부터 하지 않는가?"라고 말했다.

골프에서 스윙은 기본 중의 기본이다. 스윙은 사람의 각 신체 부위가 하나의 시스템처럼 유기적인 연속 동작으로 매끄럽게 이루어져야 원하는 스윙이 완성된다. 골프라는 운동이 어려운 것 중 하나는 척추의 각을 유지하면서 매우 빠른 속도로 움직이는 팔과 클럽으로 원운동을 하기 때문이다.

원운동의 특성상 원의 지름이 크면 클수록 구심점의 역할이 잘 지탱되어야 아름다운 원이 그려지면서 매끄럽게 마무리된다.

골퍼들은 클럽 길이가 긴 드라이버나 우드의 경우 스윙에 어려움을 느낀다. 이때 척추가 구심점 역할을 잘해 주어야 클럽을 휘두르는 속도를 잡아줄 수 있다. 사실 스윙 속도는 생각보다 빠르기 때문에, 척추가 잡아주는 중심점의 역할 수행이 어렵다. 그래서 팔을 이용하는 스윙에서 팔의 힘을 쓰는 방법을 알기가 어렵다.

그럼 어떤 방법이 효과적인 원심력을 이용하는 방법인지를 안다면, 백스윙을 할 때 정점부터 피니시까지의 스윙이 아름다운 폼으로 표현될 수 있다. 사실 세세하게 살펴보고 그 원리를 안다면 특별한 것도 없다.

스윙을 할 때 팔은 위아래로만 움직이고, 다리는 흔들리지 않게 잘 지탱해야 한다. 동시에 상체의 회전으로 원심력을 만드는 방식을 택한다. 물론 프로들처럼 하체를 잘 사용하는 것도 중요하다. 그러나 아마추어라면 간단한 스윙의 원리는 알아야 도움이 된다.

보통 아마추어 골퍼들이 저지르는 실수는 암 스윙이라 부르는 팔로만 치는 스윙을 하는 것이다. 손으로 클럽을 타깃 방향으로 밀어서 치는 동작을 말하는 것이다.

프로들의 드라이브샷 동작을 살펴보면, 앞서 얘기한 대로 팔은 위아래로만 올리고 다리는 잘 고정시킨 후 상체의 회전으로 원심력을 만드는 동작을 한다. 물론 프로들의 동작에서는 잘 고정시킨 다리를 푸는 동작이 함께 보일 것이다. 하체 리드에 의한

풀림이다. 그리고 아마추어보다 속도가 조금 빠르다.

좀 더 자세히 살펴보면, 샤프트를 지면과 평행이 되는 테이크백을 취하는 자세는 다른 신체의 움직임 없이 그저 어깨만 약 45도 돌려주면 된다. 그러면 자연스럽게 나머지 동작들이 뒤따라온다. 인간의 신체는 유기적인 연속 동작이 자연스럽게 이어지도록 설계되어 있다. 신이 주신 자연스러운 현상이다.

이 상태에서 자연스럽게 어깨를 오른쪽으로 45도 돌리면서 팔을 들어 올려주면 된다. 그러면 자연스럽게 오른쪽 팔이 접히게 될 것이다. 상체가 돌 때 팔을 올리면 오른쪽 팔이 접혀지지 않은 채 그대로 뒤로 돌려진다. 이 동작이 바로 백스윙의 교과서적인 모습이다. 즉 팔목을 꺾어 올리고 어깨만 뒤로 올려주면 훌륭한 백스윙이 완성되는 것이다.

손은 어떤 경우에도 어깨를 축으로 위로 들어 올려야 한다. 혹여 힘을 더 주어 팔을 들어 올리는 것과 동시에 오른쪽으로 더 힘을 주면 백스윙의 탑 동작은 엉망이 되고 만다. 이렇게 탑 스윙 동작이 마무리되면 다운스윙을 살펴보면 된다.

다운스윙은 백스윙의 역순으로 보면 된다. 오른쪽 어깨를 45도 정도 타깃 쪽으로 돌리면서 손은 올라왔던 길 그대로 그린 바닥 쪽으로 내려주는 것이다. 다음 동작은 공과의 임팩트 직후, 상체를 다시 45도 돌리면서 내려주면 훌륭한 임팩트를 해결하는 것이다.

임팩트 후에는 그 힘을 그대로 유지하면서 손을 밀어주어야 한다. 그 이유는 스윙 시 몸이 오른쪽으로 기울기 때문에 임팩트 후에라도 일정 구간까지 힘을 주어야 한다. 단, 이때 왼쪽 허벅지까지는 힘을 써줘야 볼을 치면서 생기는 저항력으로 클럽이 밀리는 것을 방지할 수 있다.

이런 동작이 아주 매끄럽게 연결되면 팔은 위아래로만 움직이고 상체만 돌아가는 동작으로 필요한 원심력이 만들어져 아름다운 스윙이 완성된다.

이후에는 일정 지점까지 밀어올린 후 피니시를 하게 되면 골프 스윙의 메커니즘이 비로소 완성되는 것이다.

가장 중요한 포인트는 백스윙 그대로 다운스윙을 한다는 점을 잊어서는 안 된다.

시뮬레이션으로 백스윙 동작으로 탑 포지션을 잡고 어드레스를 하는 식으로 자세를 천천히 반복하면, 내 몸의 움직임과 손이 움직여지는 궤적이 느껴질 것이다. 자연스럽게 반복한 후 실제 샷을 한다면, 보다 훌륭하고 아름다운 골프 스윙이 나온다. 이처럼 우리 몸은 하나의 유기체적인 연속 동작으로 신체의 각 부위가 시스템적으로 움직인다.

기업에서도 시스템은 정말 중요한 요소다. 리더는 골프 스윙 동작처럼 매끄럽게 움직이는 시스템을 구축해야 한다.

조직도 분산된 형태지만 자율적이고 분산된 조직 자체가 일종의 독립체로 조직화되어야 한다. 그래야 하나의 플랫폼에 연결된 네트워크 형태로 효율적으로 작동된다.

골프 스윙 동작이 개별적으로 이루어지는 것처럼 보이지만, 사실은 자연스럽게 연결되어 있다. 하나의 플랫폼으로 네트워크처럼 연동되어 작동되는 것이다.

이는 우리 몸의 반응으로도 설명이 가능하다. 사실 우리 몸에서 일어나는 모든 반응에 대하여 뇌가 명령을 내리는 것은 아니다. 즉 몸 어딘가가 아프게 될 경우 우리 몸은 그에 반응하는 해결책을 스스로 만들어 내는 시스템이다. 오로지 뇌의 명령만으로 반응하는 것이 아니라 생존을 위한 독자적인 반응도 있다는 것이다.

조직은 늘 위기 속에 던져지는 것이 현실이다. 그러므로 조직원에게 일정 부분 독자적인 권한을 부여하여 즉각 반응할 수 있도록 역동적이고 대응이 빠른 조직을 만들어야 한다. 동시에 플랫폼을 통한 하나의 유기체적인 연결이 이루어져야 한다.

각 조직원의 업무 추진에 있어서도 모든 조직원의 동의를 얻거나 리더의 승인을 받을 필요 없이 각자의 영역이나 업무 내에서 독자적이고 개별적으로 문제에 대응할 수 있는 권한을 갖는 방식이 필요하다. 권한을 부여하는 방식과 모든 구성원의 합의라는 또 다른 방식의 균형감 있는 시스템을 말하는 것이다.

이는 한계를 뛰어넘을 수 있는 자율성과 동시에 힘을 하나로 모을 수 있는 시스템 구축으로, 보다 경쟁력 있는 조직을 만들 수 있다.

세세하게 컨트롤할 부분과 자율적인 컨트롤이 결합하는 유기적인 조직이라면, 누구와의 경쟁에서도 뒤지지 않는 아름다운 조직 시스템이 구축된다. 이는 극심한 경영 환경의 변화에 유연성 있게 대처할 수 있는 조직으로 완성되는 것이다.

언제든지 변신이 가능한 유연한 조직을 어떻게 구축할지를 고민하는 리더가 되기 바란다.

선을 넘지 않는 절제력이 호감도를 높인다
조직의 슬림화와 단순화

으리으리한 클럽하우스보다는 편안한 고객 응대가 더 오래 기억되는 법이다. 비즈니스 골프의 경우는 더욱 그렇다.

골프는 여러 가지 면에서 그 사람의 성격이 드러나는 운동이어서 비즈니스를 위한 자리라면 더욱 주의해야 한다. 왜냐하면 숨기고 싶어도 숨길 수 없는 성격이 결정적일 때 나온다. 이럴 경우 상대방은 놀랄 수밖에 없다.

그런데 어느 누구도 라운드 도중에는 절대 내색하지 않는다. 하지만 라운드를 하는 동료들은 알게 모르게 암묵적인 공감대를 느끼게 됨을 알아야 한다. 좋은 동반자 혹은 미래의 동반자가 떨어져 나가는 소리가 들리지 않는가!

성격은 바꾸기가 정말 어렵다. 포커페이스라는 말이 존재하는 것은 정말 어려운 일이기에 그럴 것이다. 골프를 치는 목적이 오로지 즐기는 것이라면 얘기가 다르지만, 사교를 위한 골프, 비즈니스를 위한 골프라면 달라져야 한다.

사교 골프에서 자연스러운 일 중의 하나인 내기는 경기의 긴장감도 주고 재미도 준다. 다만 내기의 액수가 중요하다. 언젠가 《월스트리트저널》에서 골프 접대 요령 기사를 본 적이 있다. 그 내용 중 인상 깊은 대목은 "18홀 중에서 일부 홀에서는 내기를 하라"는 것이었다. 그 이유는 유대감이 훨씬 좋아지기 때문이라고 한다. 내기 금액은 홀 당 5천 원 정도인 5$를 추천했다. 너무 적다고 느끼는 사람이 있을지도 모르겠다. 아무튼 글의 요지는 적정한 내기 금액을 권한다는 것이다.

한편 긴장감을 높였던 내기는 끝나고 나서의 후처리도 중요하다. 대부분 내기에서 이긴 사람이 캐디피도 계산하고 식대를 낸다. 조금 금액이 크면 진 사람에게 돌려주기도 한다. 그 이유는 사교를 위한 골프이기에 돈이 목적이 아니라 승부를 쟁취하는 것이므로 당연하다. 바로 내기 후의 뒤처리가 그 사람의 인상이나 호감도를 보여 주는 척도가 되는 것이다.

그런데 본말이 전도되어 내기가 목적이 되고, 그로 인해 서로 관계가 위태로워지는 경우도 있다. 내기가 주가 되는 골프는 스포츠가 아니라 도박이다.

이처럼 선을 넘지 않는 절제력은 골프에서의 인상과 호감도

절제|Self Control

상승에 중요하다. 조직도 역시 절제 있게 관리한다면, 조직원들이 규제와 통제로 관리되는 조직원들보다 훨씬 훌륭한 성과를 내는 것은 분명하다.

요즘은 디자인에서도 절제미가 아주 높게 평가받는 시대다. 디자인의 좋고 나쁨에 대한 평가에서 심플함이 아주 중요한 평가 요소인 점을 주목해야 한다. 이유는 조직의 경쟁력을 의미하는 요소로서 조직의 슬림화가 바로 절제미를 조직에 대입한 것이기 때문이다. 디자인뿐 아니라 경영도 복잡다단한 경영 환경 속에서 단순화라는 키워드가 힘을 받고 있다.

단순한 조직 혹은 절제미가 있는 조직이라는 의미는 바로 중간 관리층을 없애는 구조 조정을 말한다. 의사 결정에 있어서도 스피드가 무엇보다 중요하다. 그래서 조직을 슬림화하는 것이 당연하다. 한때 보고서도 1페이지가 유행한 것을 생각하면 주목해야 한다.

조직의 단순화, 곧 조직의 절제미의 구현은 소비재 시장보다는 고객 접점과 제품 포트폴리오, 업무성과 관리, 그리고 의사 결정 단계 등이 복잡한 산업재 시장에서 더 큰 효과를 발휘한다. 그렇다고 소비재 산업에서는 필요 없다는 것이 아니다. 경영에 있어 조직의 단순화를 이룬 기업들은 그렇지 못한 기업보다도 비용과 시간, 그리고 제품 품질면에서 탁월한 경영 성과를 달성하는 많은 사례들이 존재하기 때문이다. 어떤 이는 독일 제조업에서 업무의 단순화 과정을 통해 일반 기업보다도 더 높은 수익성을 구현했다는 보고를 예로 삼곤 한다.

4차 산업혁명을 지켜보는 우리는 경영 환경은 디지털화되고, 의사 결정에서 스피드를 중시하는 환경에 적응해야만 한다. 최근 10년 간의 변화에서 보듯 우리는 지금껏 보지 못하고 경험하지 못한 시대의 변화 속에 올라타고 있는 것이 현실이다. 따라서 이러한 환경 변화에 얼마나 신속하고 절제 있게 조직을 구축해야 하고, 동시에 적응해야 하는 목표를 지향해야 한다. 바로 이 지점이 기업 경쟁의 핵심 요소다.

기업에서의 경쟁 우위를 점해야 할 스피드는 제품과 고객과의 관계 단순화로 이루어야 한다. 또한 의사 결정 역시 단순화를 통하여 이루어져야 한다. 이로 인해 얻게 되는 성과 역시 그 평가와 보상을 단순화해야 한다.

과거에는 인력 구조 조정을 통한 단순화를 시행했다. 그러나 이는 조직 구조의 변화를 주는 목적과는 다소 거리가 있다. 대개는 비용 절감을 목적으로 인력에 대한 구조 조정을 했다. 따라서 이와 같은 단순화는 절제미가 있는 조직 구조 단순화 구축과는 완벽한 차이가 있다. 이것은 결국 시스템, 혹은 조직을 새로운 방법을 통해 조정하는 것을 기본으로 하는 단순화다.

이러한 절제미가 있는 단순화는 리스트럭처링과 결이 같음을 알 수 있다. 특히 제조업의 생산운영관리에서 많이 실시한다. 이는 프로세스상에서의 효율 향상을 위한 점진적인 변화보다도, 완전히 새로운 관점에서 기존 관행과 절차를 배제하고 보다 나은 프로세스를 구축하기 위해 전체 과정을 다시 생각해 보고 새롭게 설계하는 방식이다. 기업은 급격한 내외부 환경의 변화 속에서 비효율이 있는 모든 부분을 과감하게 걷어내고 기업의 경쟁력을 높이는 노력을 해야만 한다.

설상가상으로 누구라도 혹은 어떤 기업이라도 대개는 익숙한 것에 적응이 되어 이를 선호할 수밖에 없다. 과거 영광에 대한 믿음은 저항을 불러오고, 저항은 불확실성에 대한 두려움을 움츠리는 방식으로 표현한다.

그러나 기업이라는 조직은 도태되지 않기 위한 변화에 눈을 돌려야만 한다. 바로 이 지점이 절제미 있는 매너를 지닌 골퍼가 되는 것처럼 기업의 조직도 단순화를 통한 절제미가 구현되는 조처를 취해야 하는 것이다.

두려움이 앞서더라도 조직의 도태를 막는다는 대원칙 아래 반드시 유연하고 절제미 있는 단순화에 과감히 몸을 맡겨야 한다. 이것이 바로 리더가 조직을 위해 노력해야 하는 중요한 포인트인 것이다.

골프의 진정한 가치를 알려주는 코스 구성
조직과 리더가 주목해야 할 가치

골프장의 코스 구성은 눈에 보이는 것만으로는 그 우수성을 알 수 없다. 아마추어 골퍼는 단순히 눈에 보이는 것에 의존해 공략하고, 그에 따른 스코어에 일희일비한다.

그러나 골프장 코스 설계 영역은 생각보다 단순하지 않다. 골프장 이름부터 프로에서 비기너까지 다양한 이용자들에게 만족을 주어야 할 뿐 아니라 자연과의 조화를 고려해야 하는 복잡한 문제를 해결해야 한다.

골프장 코스는 자연에 대한 인간의 겸손함이 자연스럽게 우러나오는 것에서부터 출발해야 된다. 골프의 본질이 매너와 에티켓이라는 것과도 맞닿아 있는 겸손함이라는 지점이 중요하다.

나는 그날의 골프 스코어가 이븐 파일 때 가장 기분 좋다. 이븐 파는 아마추어로서는 상당히 좋은 스코어지만, 골프 코스와 모자람도 넘치지도 않는 데이트를 즐긴 듯한 느낌을 주기에 더욱 그렇다.

사실 좋은 골프장이라는 의미는 자기와 잘 맞는 골프장일 수도 있다. 그리고 잘 알려진 명성이 높은 골프장이 좋은 골프장일 수도 있다. 그러나 본질은 골프의 기본인 자연과의 어우러짐이다. 거기에다 관리가 잘 되어 있는 골프장이라면 금상첨화이고, 라운드 때 도움을 주는 캐디와 골프장 직원들의 응대 태도가 훌륭하다면 하늘 아래 천국이 아닐까 싶다.

다만 골프는 스포츠이기에 참여자 모두 재미있고 즐거움을 주는 장이 되어야 한다. 'All or Nothing'이라는 느낌을 주는 코스 혹은 사이드 벙커의 난립 등은 우리를 괴롭히려고 노리는 것이 아닐까 하는 생각도 든다.

이렇듯 골프의 진정한 가치를 훼손하는 구성은 핸디캡에 관계없이 기본을 놓치고 있는 것이다. 자연과의 융합, 다양한 이용자들의 포용과 배려, 그리고 라운드 동료의 매너와 에티켓이 있다면 자신도 그에 동화되어 골프 본연의 모습을 닮아가게 된다.

어느 한 부분의 돌출로 골퍼들에게 알게 모르게 유쾌하지 못한 기분을 제공한다면 결국 그 골프장은 인기 없는 코스, 재미 없는 코스로 평가될 것이다.

이는 조직을 이끄는 리더에게도, 함께 구성원들의 노력으로 목표를 향해 나아가는 조직에게도 적용할 수 있다. 리더와 조직이 좋지 않은 가치를 나타내면, 이는 결국 리더의 몰락 혹은 조직의 와해로 나타나게 된다.

그렇다면 조직이나 리더가 주목해야 할 가치는 무엇일까?

먼저 조직의 가치로 고려할 요소는 일방향성이 가장 우선되어야 한다. 이러한 일방향성을 조직의 핵심 가치 혹은 진정한 가치 구축의 시발점으로 삼으려면, 조직 구성원들이 서로 다른 목표를 지향하는 행동은 절대 금물이다. 아무리 같은 일을 하고 있는 것처럼 보여도, 결국 어긋나는 결과를 가져오기에 절대 있어서는 안 된다. 따라서 시발점은 공통의 가치에 대한 공감대의 형성이고, 이를 전 조직원이 함께 나누도록 리더는 조직을 잘 이끌어 나가야 한다.

즉 리더가 일을 추진함에 있어 내재화된 신념을 조직의 믿음으로 전환시켜 전 조직원이 함께 공유하는 것을 말한다. 보통 리더라면 이러한 문제 해결을 위한 방안을 기본적으로 세 가지 정도는 갖고 있을 것이다. 첫 번째는 모두 함께 발전해 나가야 한다는 당위성이다. 두 번째는 서로 믿음과 신뢰가 있어야 한다고 여기는 것이다. 마지막으로 고객과의 긴밀한 소통이다. 리더라면 이 세 가지를 조직을 만들고 이끌어 나갈 가장 기본적인 핵심 가치로 가지고 있을 것이다.

이 핵심 가치가 준비되었다면, 다음은 이를 구조화하는 데 힘을 쏟아야 한다. 이러한 핵심 가치를 위로부터 아래로 전달하거나 또는 아래로부터 위로 전달하거나 하는 방식은 업의 특성에 따라 달라질 수 있다. 다만 이러한 형태 중의 하나로 구조적으로 고착화시켜서는 안 된다. 항상 유연성 있는 변신이 자유롭게 구축되어야 한다.

유연성 없는 고착화는 21세기 들어 경영 환경이 너무 변화무쌍한 상황에서는 절대 금물이다. 벗어나는 방법은 끊임없는 상호작용 속에서 조직의 목표를 효과적으로 달성하기 위해 반드시 계획적인 노력을 기울여야 한다. 환경 변화의 본질을 민감하게 포착하고, 그 환경에 가장 효과적으로 작동할 수 있는 방식을 찾아야 하기에 더욱 주목해야 할 부분이다.

아무리 훌륭한 제도나 방식도 산업화 시대의 경영 패러다임이 바뀐 지금 반드시 되돌아보아야 하는 영역이다. 따라서 조직의 유연함은 꼭 필요한 가치의 영역이 되었다.

한 조직이 미래 예측이 불가능한 상황에 놓이면, 지형 변화에 따라 방향을 바꾸면서 흐르는 강물처럼, 한순간 눈앞에 펼쳐진 변화된 환경에 유연하게 대처할 수 있어야 한다. 바로 《도덕경》에 나오는 상선약수上善若水와 같은 길을 걸어야 한다.

높은 불확실성은 어느 순간에는 위기의 형태로, 어느 순간에는 기회의 형태로 조직과 마주하게 된다. 때문에 이러한 상황에 효과적으로 대처하기 위한 유연한 조직으로 전환하는 것이 반드시 필요하다. 이것은 조직이 일방향성과 믿음과 신뢰, 그리고 고객과의 소통과 함께 장착할 핵심 가치다.

이러한 유연함은 선 실행, 후 선택하는 형태의 민첩한 의사 결정으로 나타날 것이다. 이는 새로운 경영 시스템으로 조직의 슬림화와 현장 중심 의사 결정 강화로 표현된다. 이 같은 상황은 의사 결정 속도를 높이고 급변하는 환경 속에서 무한 경쟁이 벌어지는 현장에서 사업의 성패를 결정짓는 훌륭한 경쟁력으로 표출될 것이다.

실력 향상을 원하면 LPGA 경기를 활용하라
벤치마킹은 중요한 전략

아마추어들은 골프백의 구성부터 고민이 있을 수 있다. 스코어가 좋지 않을 때면 그날의 데일리 스코어를 기록한 동료의 골프백을 훔쳐보기도 한다. 그러나 구력이 비슷한 경우에는 별 차이가 없음을 느낄 것이다. 대부분 골프를 시작할 때 골프숍에서 권하는 대로 풀 세트를 구입하기 때문이다.

골프백 세트 구성은 보통 드라이버, 3번 우드, 5번 우드, 하이브리드, 4~9번 아이언, 피칭 웨지, 51도 웨지, 샌드 웨지, 퍼터 정도다. 클럽 개수는 모두 14개가 일반적이다. 이유는 골프 규칙 4조 4항의 클럽 개수 제한 규정Maximum of 14 Clubs 때문이다.

아마추어들은 대수롭지 않게 여기지만 정규 대회에서 클럽 개수가 14개를 초과할 경우, 홀마다 2벌타씩 최대 4벌타까지 받을 수 있다. 또 초과한 클럽을 사용하거나 경기를 마칠 때까지 이를 미처 발견하지 못했을 경우 실격 처리까지 되기도 한다. 실격 처리가 가능한 중대한 규정 위반인 것이다.

이 규정은 1938년 미국골프협회에서 클럽 수를 14개 이하로 제한하는 규정을 제정하였고, 1939년 영국의 R&A까지 이를 채택하면서부터 시작되었다.

그럼 어떤 기준으로 골프 세트를 구성하면 좋은지 살펴보자. 아마추어라면 LPGA 선수들의 구성을 따라하는 것도 좋은 방법이다. 세트 구성을 확정하기 전에 체크 포인트부터 살펴보면, 먼저 드라이버의 로프트 각도는 몇 도가 좋은지 알아야 한다. 특히 비거리뿐만 아니라 드라이버 샷의 정확도를 보다 높이는 것이 아마추어 골퍼들에게는 중요한 문제다.

드라이버 로프트는 10도 이상을 선택하라고 권하고 싶다. 그 이유는 LPGA 선수들은 비거리가 약 250야드 전후이고, 이를 헤드 스피드로 환산하면 90마일/아워mph를 상회한다. 특별히 헤드 스피드가 빠른 경우라면 몰라도 남성 아마추어 골퍼라면 로프트 10도 이상의 드라이버를 권한다.

다음 3번 우드나 5번 우드는 반드시 필요한 것인가에 대한 궁금증이다. 그에 대한 답변은 드라이버 비거리가 250야드 이상 나오지 않는다면 정확한 샷보다는 다루기 쉬우면서도 상당한 비거리가 나오는 7번 우드를 선택하는 것이 좋다. 무게 중심이 낮아 쓰임새가 많은 7번 우드를 선택하는 것이 실속을 차리는 데 좋다.

그리고 롱 아이언과 하이브리드 중 어느 것이 좋은지에 대한 선택이다. LPGA 투어 선수들은 모두 뛰어난 스윙 기술을 갖고 있지만, 대개는 가장 긴 아이언 클럽으로 5번 아이언을 사용하고 있다. 또한 다루기 쉬운 하이브리드를 사용하거나 아니면 5번, 7번 우드를 사용한다.

아마추어 수준이라면 헤드 스피드가 90마일/아워 이하인 경우가 많으므로 롱 아이언보다는 하이브리드를 사용할 것을 권한다. 다만 하이브리드에 대한 거부감이 큰 경우라면 우드 5번과 7번을 사용하는 것도 좋다.

이상의 궁금증을 해소하였다면 자신만의 세트를 구성하는 방안을 제안한다. 우선 전체 클럽 중 기본으로 반드시 포함되어야 하는 클럽을 정하는 것이 좋다. 그 후에 자기 수준과 비거리 등을 기준으로 최적의 클럽을 선택하면 된다.

14개 세트 구성에서 반드시 있어야 하는 클럽은 드라이버와 5번, 6번, 7번, 8번, 9번 아이언, 그리고 피칭 웨지, 51도 웨지, 샌드 웨지, 퍼터로 우선 10개를 택하고, 나머지 4개는 LPGA 투어 선수들을 참고하는 것이 좋다.

다음 LPGA 선수 5명의 골프 클럽 구성 내역을 참고하면 좋을 듯하다.

LPGA 선수 5명의 골프 클럽 구성(변경이 있을 수 있다)

골퍼	우드	아이언	웨지
신지애	드라이버(8.5), 3/5/7번	하이브리드 4번, 6-PW	50, 54, 58
챙 야니	드라이버(7.5), 3번	하이브리드 2/3번, 4-PW	52, 58
클리스티 커	드라이버(9), 3/5번	하이브리드 4번, 5-PW	50, 54, 60
미야자토 아이	드라이버(9.5), 3/5번	하이브리드 3/4번, 5-PW	52, 58
폴라 크리머	드라이버(10.5), 3/5/7번	하이브리드 4번, 5-PW	54, 58

골프 클럽 구성뿐만 아니라 코스를 공략하는 것도 LPGA 선수들의 스윙이나 전략 구성을 배우면 좋다. 사실 비거리 300야드 이상인 PGA 선수들의 실력을 따라가기에는 무리다.

골퍼들은 골프백 구성부터 클럽의 선택, 스윙 폼, 코스 공략 전략 구성까지도 벤치마킹을 하는데, 기업이라면 당연히 타업종의 훌륭한 리더십은 물론이고 동종업계의 라이벌이 구사하는 다양한 마케팅 전략도 벤치마킹할 필요가 있다.

벤치마킹의 어원은 토목 분야에서 강물 등의 높낮이를 측정하기 위해 설치한 기준점을 뜻하는 벤치마크benchmark에서 비롯되었다. 지금은 이를 보편적으로 사용하지만, 경영학에서 사용하게 되어 가깝게 다가온 말이다. 경영학에서는 특정 분야에서 뛰어난 제품이나 기술, 경영 방식 등을 면밀히 분석하여 자기 회사에 적용하는 전략을 의미한다. 또한 보편적으로는 모방 또는 본받기 위한 표준이라는 폭넓은 개념으로도 확장된 말이다.

기업 입장에서 경영 혁신은 항상 노력해도 늘 부족하다. 이럴 때 경영 혁신 중의 한 가지 방법이 벤치마킹이다. 이에 대한 배경은 1970년대 전 세계 복사기 시장에서 1위를 달리던 미국의 제록스가 일본 기업에게 시장점유율 대부분을 내주면서 위기가 찾아오자 제록스 경영진들이 일본 기업의 노하우를 알기 위해 노력한 결과물로 나오게 된 것이다.

이후 발전을 거듭한 벤치마킹은 기업의 효율성 증대를 위한 프로젝트를 실행하는 하나의 경영방법론일 뿐만 아니라, 전략 수립 분야에서도 중요한 위치를 차지하게 되었다. 벤치마킹에서 벤치마크라는 말은 경쟁사와 비교할 때 사용하는 기준값을 의미한다. 따라서 이를 해결하는 첫 단추는 기준값을 설정하는 일이다. 그 설정은 당연히 최고의 성과를 이루는 양태를 택하는 것이고, 이를 관찰하여 자사 비즈니스에 필요한 결론을 이끌어 내는 것이 중요하다.

벤치마킹의 대상은 제품이나 서비스에만 국한되는 것이 아니다. 필요에 따라 얼마든지 창의성을 발휘하여 벤치마킹 대상을 결정할 수 있다. 이에 대한 접근 방법으로 세 가지를 권하고 있다.

첫째, 전략적인 벤치마킹으로 성공한 기업이 사용하는 전략을 파악하고, 이를 자기 기업에 맞게 변형하여 필요로 하는 전략적인 과정에 녹여내는 것이다.

둘째, 성과 혹은 성능을 벤치마킹하는 것이다. 이는 타사 제품과 서비스가 자사 제품과 서비스와 어느 정도 차이가 나는지를 비교하는 것이다.

셋째, 프로세스 벤치마킹으로 성능 벤치마킹을 하는 과정에서 파생된 방법으로, 프로세스를 개선하기 위한 최상의 사례를 찾아서 비교 분석하는 방식이다.

이 같은 방식 중에서 확장이 된다면 기업 내에서의 모범 사례를 찾는 것도 있을 수 있고, 직접적인 경쟁 관계가 아닌 타업종에서의 사례를 활용할 수도 있을 것이다.

이러한 방법 중에서 한 가지 사례를 선택하였다면, 다음 프로세스는 자료를 수집하고 분석해서 적용하는 기본적인 프레임워크로 진행될 것이다. 다만 기업에 따라서는 서로 다른 프로세스를 가지고 있으므로 진행할 때 다양한 단계의 모델들을 활용할 수도 있다.

대표적인 방법은 1단계로 팀을 구성하고 비교할 대상을 선별하여 측정 기준을 선정하는 것이다. 2단계는 벤치마킹 대상을 통하여 필요한 정보를 수집하는 것이다. 3단계는 측정 기준을 비교하고 자사와 모범 사례의 조직이나 상품, 서비스 등과 성과를 측정하여 그 격차가 무엇이고 어느 정도인지를 파악하는 것이다. 4단계는 이를 적용하는 단계로 제품, 서비스, 프로세스 혹은 전략에 대한 변경 사항을 구현하는 것이다. 이후에는 이를 루프 형태로 선순환하는 방식으로 지속적인 개선을 이루어 내는 것이다.

'모방은 창조의 어머니'라는 말이 있다. 고대 그리스 철학자 아리스토텔레스의 명언이다. 아리스토텔레스가 전하고자 한 모방의 진정한 의미는, 인간에게는 즐거움을 선사해 주고 교육에 기여하는 것을 말하는 것으로 배움이라는 동기 부여를 이르는 말이다.

골프 클럽의 구성이나 벤치마킹도 마찬가지다. 모두의 시발점은 동기부여다. 진정한 실력 향상과 경쟁력 향상을 위하여 우리 모두 지속적인 배움에 열의를 가져야 한다.

당신은 현재 누구를, 아니 어떤 기업을, 아니 어떤 방식을 벤치마킹할지 살피고 있는가? 만일 그렇지 않다면 반드시 자기 주변부터 살피고, 동종업계와 타업종을 두루 돌아보면서 그 대상을 선택하기 바란다. 당신에게 진정한 경쟁력을 선물할 것이다.

라운드의 승자는 나쁜 샷을 적게 치고
실수를 적게 한 사람이다

결단력 있는 리더십

골프 스코어가 80타 정도의 아마추어라면 전략을 안정적 스윙과 쇼트 게임에 초점을 맞추는 것이 좋다. 이 수준이면 프로들의 게임을 보면서 나에게 맞는 스윙을 찾아 스코어를 더 낮추는 데 전념하되, 어프로치와 퍼팅 시간을 늘리면서 시간을 분배하는 트레이닝 방식을 택해야 한다.

스윙에 대한 지식은 뛰어난 스윙 감각이 어떤 것인지를 파악하는 것이 우선이다. 스윙이 잘못됐을 때는 자신의 스윙과 모범 스윙이 어떤 차이가 있는지를 살펴야 한다. 스윙을 할 때 클럽의 움직임을 예민하게 느낄 수 있으면 중압감 속에서도 잘못된 스윙을 금방 고칠 수 있다. 처음 시작할 때는 스코어가 빠른 속도로 떨어지지만, 핸디캡이 한 자릿수에 근접해 가면 스코어의 향상 속도는 점점 느려진다.

이때 중요한 것은 열심히 연습하면 성공할 것이라는 믿음을 갖는 것이다. 상급 단계에 도달하기 위해서는 무의식적인 자동화의 수행이 필요하다. 그런 연후에 치밀하게 게임 구성을 하는 것이다.

풀 스윙과 쇼트 게임, 그리고 퍼팅으로 나누어 접근하는 방식을 택해도 좋다. 그리고 무의식적으로 자동화가 될 정도의 연습은 수행이라고 불릴 정도로 엄청난 노력이 필요하다. 실력이 본인이 원하는 수준에 도달할 때까지는 절대 게으름은 멀리해야 한다.

좀 더 세부적으로 접근해 보자.

먼저 자신의 스윙을 세심히 살피는 것이 중요하다. 여기서부터는 골프 지식이 필요한 부분이고, 이에 대한 자신만의 노하우가 성공의 토대가 된다.

두 번째는 클럽 헤드의 스피드 증대와 일관성 유지에 초점을 맞추어야 한다. 스윙의 어느 지점에서 스피드를 내야 하는지도 알아야 한다. 스윙 스피드는 임팩트 때 최고 속도가 나오게 해야 한다.

세 번째는 어드레스를 변경시켜 가면서 연습을 해 보면 도움이 된다. 한 가지 방안만을 고집하기보다는 여러 가지 어드레스를 시도해 보는 것이 좋다. 이때 자신의 어드레스가 어느 정도

일관성이 생겼는지 알아보려면 같은 곳으로 볼을 연속해서 보내면 체크할 수 있다.

80타를 치는 골퍼라면 샷 한 번 날리는 데 대략 3초 정도 걸린다. 그러면 80타를 치는 동안 샷을 위한 총 소요 시간은 240초다. 약 4시간 30분 걸리는 라운드에서 스윙 시간은 겨우 4분 정도가 되는 셈이다. 나머지 시간은 걸으면서 자연을 즐기게 되는데, 당신은 이 시간을 어떻게 활용하고 있는지 궁금하다.

우리는 반드시 알아야 한다. 골프 게임의 승자는 제일 멀리 친 사람이나 가장 멋진 샷을 날린 사람이 아니라, 나쁜 샷을 가장 적게 친 사람이고 실수를 적게 한 사람이다.

그렇다면 효과적인 승리 비결을 알아보자.

먼저 스윙은 짧게 시작하고, 끝마무리는 길게 하는 것이 좋다. 이유는 임팩트 구간과 그 이후에 이어지는 웨지에 부드럽게 가속이 붙기 때문이다. 그래야 에너지를 전부 쏟아부을 수 있다. 이때 주의해야 할 것은 타이밍에 관해서는 완벽을 추구하여야 하는 점이다.

다음은 그루브를 관리할 줄 알아야 한다. 수많은 웨지 샷 중에서 중요한 포인트는 백 스핀이다. 백 스핀의 역할은 거리를 컨트롤하는 것은 물론 볼이 깃대를 지나치는 굴림을 방지하는 테크닉이다. 또한 깨끗한 그루브를 희망한다면, 조금 귀찮을지라도 페이스에 묻은 흙과 풀은 털어내는 것이 좋다. 80타 수준이면 작은 차이가 아닌 차이로 나타날 것이다.

그 외에도 확률이 큰 방향 혹은 클럽을 선택하여야 한다. 과거의 축적된 데이터는 중요한 기준으로 삼을 만하다. 또한 리스크를 걸기보다는 안전한 방안을 구사하는 것이 중요하다. 벙커 샷에서 가장 중요한 부분은 볼을 그린에 올리는 것이 최우선이다. 당연히 넓은 공간을 공략하는 것이 옳은 방안이다.

마지막으로 플레이할 때는 복잡함보다는 단순함을 추구하는 것이 좋다. 볼의 위치만 조정하면 똑같은 스윙으로 칩 샷과 피치 샷, 그리고 벙커 샷까지도 할 수 있다. 칩 샷을 예로 든다면 내리막 아크에서 맞힐 수 있도록 볼을 타깃 반대쪽 발목에 맞추는 것이 좋다. 또 웨지와 피치 샷에서 깔끔한 타격을 하려고 한다면 볼을 스탠스 중앙에 놓아야 한다. 한편 벙커에서는 볼을 타깃 쪽 발등에 맞추면 스윙이 자연스럽게 이루어져 클럽이 볼 뒤쪽 모래를 정확하게 파고들어가 희망하는 샷이 나올 것이다.

이렇듯 아마추어들이 꿈에 그리는 80타 수준의 골퍼가 되기 위한 다양한 방안들은, 골프장에서의 각종 리스크를 딛고 일어서는 과정 중의 하나다. 이 과정에서 일관되게 관통하는 지점은 필드에서의 각종 리스크를, 어떤 경우에는 스윙의 기본에서, 어떤 경우에는 골프에 대한 지식을 배경으로 정확히 알고 해결해 가는 노력임을 알 수 있다.

따라서 기업도 각종 리스크가 난무하는 경영 환경 속에서 어떤 자세와 어떠한 방안으로 헤쳐나갈지는 전적으로 리더의 어깨에 달려 있다. 원래 리더의 어깨에 놓인 짐은 크지만 보이지 않는 리스크와의 전쟁이다. 어느 누구도 대신할 수 없는 리스크에 대한 통찰은 반드시 스스로의 솔루션이 있어야 해결할 수 있다.

꿈에 그리는 80타 고지를 점령하기 위한 노력도, 기업이 리스크를 뚫고 성공과 영속성에 대한 깃발을 들어올리기 위한 각종 리스크 대응에 대한 방법을 살펴보자.

사실 기업은 2008년 금융 위기 이후 경영의 불확실성이 그 이전과는 비교할 수 없을 만큼 커졌다. 2020년 코로나 바이러스로 인한 팬데믹으로 금리, 주가, 환율 등 금융 변수들에 대한 리스크가 더욱 커졌다. 또한 원유와 원자재 가격은 유례없는 변동성을 동반하고, 국제 정세는 날이 갈수록 자유무역에서 보호무역으로 옮아가는 상황이 계속되고 있다. 자연스럽게 리더들은 어느 장단에 춤을 춰야 할지 혼란스럽기 그지없다.

리더들은 항상 새로운 위기에 대응하는 과정에서 수많은 도전과 오류들에 직면하게 된다. 그 속에서 오류의 발생이 공통적으로 일어나는 경우가 너무 많다.

위기를 잘 관리하기 위해 각종 위기가 조직의 전략에 어떤 영향을 미치고, 그에 따른 영향이 어느 정도인지를 검토하여야 하는데, 그렇지 못하는 경우가 있다. 검토 결과를 토대로 나아가야 할 방향과 그에 대한 비전 제시는 고사하고, 리스크로 인한 직접적인 피해 복구에만 과도하게 집중하는 경향이 있다.

또한 위기 규모나 영향 범위, 파급 속도와 예상하지 못한 결과를 제대로 이해하지 못하거나 자만심에 빠져 과소평가하기도 한다. 이는 위기 발생 초기에 정확하지 않은 정보에 기초한 잘못된 의사 결정으로 충분히 대응할 수 있는 영역까지 피해가 확대되는 경우가 있다. 그리고 정보 흐름의 혼선을 이해하기 위한 시간을 충분히 확보하지 않은 채 수집된 정보로 개별적으로 대응하게 된다. 이는 결국 실제 위기 대응 시간을 확보하지 못하는 상황을 초래한다. 이러한 오류를 방지하는 방안을 기본 원칙으로 갖고 있는 것이 좋다.

리더는 위기를 결단력 있게 통솔하여야 한다. 위기 상황에서는 이와 같은 결단력 있는 리더십이 무엇보다 중요하다. 또한 해당 위기를 효율적으로 관리하려면 리더를 선임하여 지속적으로 대응 활동을 해나가야 한다.

이때 리더는 꼭 CEO일 필요는 없고, 해당 위기에 따른 정보를 수집하고 정확한 분석이 가능한 자원이면 좋다. 간혹 조급하게 CEO가 북 치고 장구 치는 역할을 다 하면 엉뚱한 의사 결정으로 더욱 구렁텅이로 몰고 가는 경우도 있다. 즉 위기에 대한 결단력과 균형감을 중요한 포인트로 삼을 것을 권한다.

지금의 경영 환경은 위기가 지속적으로 돌출되는 시대이므로 발빠르게 대응하는 형태로 구조화하는 것이 좋다. 바로 위기 관리자가 지속적으로 위기를 분석하는 형태를 갖추어야 한다. 시시각각 수집되는 정보를 바탕으로 유연하게 대처하도록 운영되어야 하는 것이다.

한편 또 다른 시각에서는 정보의 원천을 정확하고 일관되게 파악하는 커뮤니케이션 채널을 구축하여야 한다. 이는 예상치 못한 상황에 대한 대비도 포함되는 것이다. 더욱이 이전과는 달리 새롭게 팬데믹과 같은 상황이 올 경우 재택근무에 대한 시스템도 갖춰야 하는 시대가 되었다.

결국 이전과는 달리 리스크를 감시하고 보고하는 기능이 다가 아니고, 이를 해결하는 기능도 포함시켜야 하는 상황이 온 것이다.

따라서 리더들은 자신과 다른 시각에 대한 분석과 판단에도 귀를 기울이는 경청의 자세가 더욱 중요하게 되었다. 리더가 귀를 열면 조직 내외부의 모든 정보를 온전히 활용하는 기회를 가질 것이고, 이는 어떤 위기라도 극복할 수 있는 기회를 갖는 것과 같은 것이다.

리더들이여, 귀를 열고 경청하자!

골프에서 경영 전략을 배우다

Chapter 05

마케팅 관리

이익의 유일한 근원은 고객이다.
고객을 유지하는 최선의 방법은 적게 받고
많은 것을 제공할 수 있는 방법을 끊임없이 모색하는 것이다.

− 잭 웰치

골프는 거리와 방향의 게임이다
마케팅의 기본

골프는 파 4홀이든 파 5홀이든 첫 번째 드라이브 거리가 정말 중요하다. 첫 드라이버의 비거리가 게임의 흐름을 가늠하기 때문이다. 그래서 골퍼들은 거리를 매우 중시한다. 하지만 고수가 되면 될수록 거리보다는 방향을 더 중요하게 여긴다. 비기너가 좀 더 실력을 갖게 되면 자연스럽게 동의할 것이다.

골프는 거리와 방향의 게임이라고 한다. 거리는 많이 날수록 좋고, 방향은 똑바로 갈수록 좋다. 사실 공이 나가는 거리가 길면 길수록 유리하다. 200m 거리의 그린에 공을 올리는 것보다 20m 거리의 그린에 공을 올리는 것이 훨씬 쉽기 때문에 골퍼들은 조금이라도 더 멀리 공을 날리려 애를 쓴다.

그러나 거리가 아무리 많이 나더라도 방향이 나쁘면 소용이 없다. 공이 날아간 거리가 250m라고 해도 공이 휘면서 방향이 어긋나면 러프에 처박히거나 모래 웅덩이에 빠지는 등 공을 치기 아주 어려운 곳에 떨어진다. 그러면 다음 샷으로 공을 그린에 올리기가 힘들어지고, 결국 한 타를 더 쳐야 하는 경우가 비일비재하다.

골퍼들에게는 거리도 좋고 방향도 좋은 것이 최고다. 그러나 그런 능력을 갖춘 골퍼는 많지 않다. 장타자는 방향이 좋지 않고, 방향이 좋은 골퍼는 거리가 안 나는 것이 일반적이다.

한편 거리가 안 맞거나 방향이 틀려도 공은 홀에서 벗어나고, 그 골퍼는 그만큼 퍼팅에 불리한 상황에 놓이게 된다. 목표는 공을 홀컵에 넣는 것이므로 퍼팅을 잘하는 골퍼가 훨씬 유리하다.

그래서 14개 클럽의 비거리를 가늠해 보면 도움이 될 것이다. 아마추어 골퍼들의 거리는 드라이버 210m, 3번 우드 190m, 5번 우드 180m 정도로 보면 좋고, 하이브리드 170m, 4번 아이언 160m, 5번 아이언 150m, 6번 아이언 140m, 7번 아이언 130m, 8번 아이언 120m, 9번 아이언 110m, 피칭 웨지는 100m, 어프로치 웨지 90m, 샌드 웨지 70m 정도로 보면 좋다.

세계적인 프로들은 마음먹고 때리면 300m도 쉽게 나가지만, 아마추어는 무조건 세게 치면 공이 휠 가능성이 크다. 따라서 클럽별로 적정한 거리를 유지하도록 연습을 거듭하고 그다음 방향에 유의하면 된다.

클럽 선택은 골퍼의 자유이므로 140m에서 드라이버를 쳐도 전혀 상관없다. 프로들은 거리가 비교적 짧은 파 4홀에서도 롱 아이언으로 티샷을 하는 경우도 많다. 이는 우드에 비해 아이언 샷의 정확성이 더 높기 때문이다.

골프를 처음 배우는 사람은 아이언 샷부터 연습하는 것이 좋다. 방향이 중요하기 때문에 아이언 클럽의 길이가 우드에 비해 짧아 컨트롤하기 쉽다. 그리고 이렇게 해야 방향에 대한 감각을 얻기가 좋다.

장타는 골퍼들의 바람이자 골프의 기본 요소지만, 실제 스코어에서 차지하는 비율은 극히 일부에 불과하다. 우리가 주목하는 스코어에서 가장 중요한 포인트는 장타가 아닌 퍼팅이다. 그래서 "드라이버가 쇼라면 퍼팅은 돈이다"는 말이 있다.

골프는 자연 속에서 이뤄지는 경기지만 코스에는 사람이 만든 물건, 곧 장애물이 설치되어 있다.

골프 레슨 기간은 적어도 1년, 길게 잡으면 평생이다. 그러나 골프는 배울 때 집중적으로 배워야 한다. 사실 골프에 입문하면 집중하지 말라고 해도 집중하게 된다. 그러나 배울 때 진지하고 겸허한 자세를 가져야 평생 스윙의 기초를 굳힐 수 있다. 처음 레슨에서는 갑갑한 마음이 생기겠지만, 절대 초조해하지 말자. 늦어도 제대로 배우는 것이 골프 스윙을 만드는 데는 최고다.

골프의 거리와 방향을 결정짓는 요소는 스윙 궤도, 임팩트 시

클럽 페이스 포지션, 임팩트 시 헤드의 접근 각도, 스위트 스폿, 헤드 스피드를 들 수 있다.

이렇게 골프의 기본을 익히는 데는 차례가 있고, 반드시 필요한 부분이 존재한다. 이외에도 많은 부분이 필요하고 익혀야 할 것이 있지만, 별개로 익혀야 할 것도 있다. 그것은 바로 자연과 동화되는 마음가짐이고, 몸이 자연스러운 상태에서 나오는 스윙, 함께하는 동료들에 대한 배려다. 이는 특별한 가르침과 숙련을 떠나서 기본 중의 기본이므로 잊어서는 안 된다.

기업에 있어서 기본 중의 기본은 마케팅이다. 마케팅의 기본도 꼭 필요한 부분부터 가다듬어야 한다.

그럼 마케팅에 있어서 기본 중의 기본은 무엇으로 설정하면 좋을까? 한때 세계 최고 기업으로 선망의 대상이었던 GE의 잭 웰치 회장의 말이 생각난다.

"이익의 유일한 근원은 고객이다. 고객을 유지하는 최선의 방법은 적게 받고 많은 것을 제공할 수 있는 방법을 끊임없이 모색하는 것이다."

이것이 바로 마케팅을 대하는 가장 기본적인 자세다.

지금은 지식 정보화 시대다. 시장에서 고객들의 니즈와 흐름이 너무 빨리 변하고 있다. 시장과 고객의 가치 변화 그리고 제품의 변화 사이클의 조화를 이루는 시간은 빠르게 구축되기도 하고 사라지기도 한다.

이러한 시장의 변화는 신속하고 정확하게 반응할 수 있는 시스템만이 유일하게 대응할 수 있다. 정밀하고 조직적으로 대응하지 못하면 기업은 도태하게 될지도 모른다.

21세기를 살아가는 우리는 놀라운 변화를 경험하고 있다. 작은 핸드폰 하나에 우주의 모든 것이 담기고 인공지능이 인간의 뇌를 압도하고 있다. 그래도 밥을 급하게 먹으면 체하고 쉬지 않으면 과부하가 생기듯 목표를 향해 한 걸음 한 걸음 천천히 걸어가야 한다. 이러한 상황은 시장의 흐름에 대한 분석과 이를 바탕으로 한 예측과 그에 따른 대응 전략이 필요하며 통찰력과 기획력을 확보해야 한다.

우리가 경쟁 속에서 살아가는 세상에는 고객의 기호와 그를 중심으로 적응·발전하고 있는 산업구조의 흐름이 있다. 또한 그 흐름 속에서 새로운 제품과 기존 제품의 진화가 일어나는 흐름, 이에 반응하는 고객의 흐름, 그리고 그로 인해 생사 여탈이 결정되는 회사 경영의 흐름 등이 존재한다.

결국 경영상의 내외적인 변화와 흐름에 대한 대처 방안이 필요하고, 이는 통찰력을 통해 해결해야만 한다. 통찰력이란 넓게 보고 멀리 보되, 유연함을 장착한 사고가 그 밑바탕이다. 이러한 통찰력을 기초로 새로운 경영의 흐름을 읽고, 시장에서의 경쟁력과 수익성 확보, 그리고 경영 최적화, 경영혁신, 신제품 개발, 신규시장 창출, 고객 서비스 등의 다양한 영역에서 신사업과 신상품 기획력을 강화할 수 있어야 한다.

경영학자들이 100년간 장수한 17개 기업을 분석한 결과, 그들은 먼저 시대 변화에 신속하고 유연하게 대응해 나갔다. 그리고 보수적으로 자금을 운용했으며, 부채는 감당할 수준으로 적었다. 또한 회사와 직원이 기업의 목표 달성을 위해 함께 일하였으며, 작은 것이라도 창의적인 아이디어를 수용하고 이를 경영에 적절히 활용했다고 한다.

결국 기업이 경영에 성공하는 길은 고객의 소리를 주의 깊게 듣고, 이를 통해 시장과 고객의 니즈를 파악하여 고객에게 만족을 줄 수 있는 기능을 발굴하고 적용하여야 가능한 일이다.

또한 변화를 주시하고, 그 변화에 신속하게 대응하고, 조직 구성은 프로젝트 단위를 최소화해야 한다. 반면에 조직은 상호 유기적인 관계로 변신이 가능해야 한다. 내부 조직 간, 조직과 소비자 간의 커뮤니케이션을 원활히 하여야만 한다.

이러한 자세는 기업이 마케팅에 대한 기본이 준비된 상황을 가져올 것이다. 또한 경쟁을 변화와 발전의 발판으로 삼고, 매일 혁신하고 발전을 강구하는 자세를 지닐 것도 요구한다. 더불어 공정하고 평등하고 정직함에도 힘을 쓸 것을 주문한다.

골프는 비거리도 중요하고 방향도 중요하다. 이와 같이 기업도 중요하게 여겨야 할 요소들이 있는 것이다. 통찰력과 기획력이 그것이다.

여러분도 자연과 동화되는 골프를 통하여 멘탈을 강화하듯이 기업이라면 서퍼가 파도를 타듯 고객의 흐름에 동화되는 흐름을 타야 한다. 거스르지 말고 동화되는 길을 찾아야만 변화 속의 흐름에 올라타는 기업으로 성공의 길로 들어서는 기회를 가질 수 있다.

그럼 이제 과감하게 시대가 요구하는 흐름에 올라타자. 이왕이면 성공을 쟁취하는 것이 좋지 아니한가.

골프에서 날씨가 중요한 이유
순발력 있는 인재와 자세

날씨는 골프에서도 기업 경영에서도 매우 중요한 요소다. 특히 골프에서 날씨가 중요한 이유는 스코어에 지대한 영향을 미치기 때문이다.

세계 4대 메이저 대회인 마스터스, 디 오픈 챔피언십, PGA 챔피언십, US 오픈대회가 개최되는 시기를 보면 잘 알 수 있다. 금년에는 코로나19로 날짜가 변경되었지만, 대부분 날씨가 온화한 4월에서 7월 사이에 개최된다. 여러분도 비거리를 비교해 보면 날씨가 온화한 날 공이 훨씬 더 멀리 날아가는 것을 느껴 보았을 것이다.

그 이유는 기온이 높으면 대기 중의 공기 분자들이 더 많은 운동 에너지를 갖게 되고, 이렇게 되면 공기 분자의 수가 줄어

대기 밀도가 낮아지게 된다. 낮아진 대기 밀도는 공에 대한 저항력을 작게 하고, 이는 공의 비거리를 조금이라도 키워 주게 된다. 즉 보편적으로 온도가 상승하면 공은 더 멀리 날아가게 되기에, 비거리가 중요한 골프는 온화한 날씨가 스코어를 좋게 해 줄 확률이 높다. 또한 온도가 높으면 클럽으로 공을 임팩트하는 순간의 탄력도 증가하여 비거리가 늘어나기도 한다.

골프는 야외 활동이어서 직접적으로 날씨의 영향을 많이 받는다. 이는 자연스럽게 클럽하우스 마케팅에도 영향을 미쳐, 예약하는 사람들에게 마케팅과 연동하여 날씨에 대한 안내 서비스를 할 정도다. 따라서 프로 골퍼나 주말 골퍼들도 날씨 정보를 필수적으로 확인해야 한다.

골프를 치기 가장 적절한 온도는 22도 정도가 좋고, 구름이 좀 있고 햇빛으로 인한 스트레스가 적어야 하며, 바람은 공의 방향이나 비거리에 있어 컨트롤이 가능한 시속 8킬로미터약 5마일 이하일 때 가장 이상적이라고 한다. 이런 날씨를 가장 많이 보여 주는 곳이 캘리포니아 지역인데, 그래서 그런지 페블비치 같은 세계적인 명문 골프장이 즐비하다.

골프는 늘 좋은 날씨에서만 플레이할 수 없다. 그래서 작은 습관이지만 첫 티 박스 앞에서 다시 한번 날씨와 풍향을 확인하는 습관을 갖는 것이 좋다.

바람의 방향과 기온 외에 습도 역시 중요하다. 습도가 높으면 공이 무겁게 날아가 평소보다 거리가 짧아진다. 반대로 습도가 없으면 공이 바람의 저항 없이 더 멀리 날아간다. 그래서 기온과 함께 습도도 중요하게 체크할 요소다. 이와 같이 날씨 정보는 스코어를 줄이기 위한 좋은 습관이다.

기업 경영에서 고객만족이라는 요소는 골프에서의 날씨와 같다.

고객만족은 기업 경영에 있어서 매출 목표 및 수익률 목표에 대한 선행 지표로 볼 수 있다. 즉 목표에 대한 결과치에 도달하기 위한 과정 속에 반드시 있어야 할 지표로, 고객만족도는 목표 달성 측면에서 정비되어야 할 중요한 부분이다.

기업에게 고객의 진정한 가치는 고객이 만족하는 제품과 서비스를 제공하고 제공에 대한 대가로 돈을 받는 것을 통하여 구현된다. 고객에게는 필요한 가치를 제공하고, 기업은 가치에 대한 대가가 균형을 이룰 때, 고객은 만족을, 기업은 생존의 영속성을 위한 수익이 보장되는 것이다. 이러한 균형이 지속되기 위해서는 고객별로 고객의 충성도를 제고할 방안을 강구해야 하는 것은 필수적이다. 골프에서 바람의 방향을 체크하여 스윙 방식을 결정하듯, 기업은 고객만족도를 통한 지속적인 균형점을 찾기 위하여 다양한 방안을 모색해야 하는 것이다.

기업이 오로지 수익성만을 위한다면 고객의 만족도를 높이는 것을 등한시하기 때문에 경계해야 한다. 이는 영업만이 모든 기업 경영의 왕도라는 구호는 잘못된 것임을 알려주는 이유다. 즉 고객이 바라는 중요 포인트와 기업이 수익을 위하여 제고할 중요 포인트가 어긋나는 경우가 가장 위험한 조합이다. 이를 위해 기업에서는 통념과 추측에 근거하지 않고, 목표로 하는 고객의 니즈를 정확히 파악하는 자세가 중요하다. 파악하는 방법은 다양하다. 과거에는 설문, 인터뷰, 행동 관찰 등의 방법을 활용하였다. 그러나 최근에는 SNS에서의 후기를 주목해야 한다.

이러한 노력은 수익성도 높고 충성도도 높은 스타고객군을 확보하는 데 큰 도움이 된다. 따라서 확보한 고객을 스타고객군으로 편입하려면 SNS와 연동되는 커뮤니티 사이트는 좋은 기회를 만들어 줄 것이다.

기업은 많은 고객을 위한 정보 제공으로, 고객은 제공받은 정보를 통한 자신들이 필요로 하는 영역에 대한 정보의 확보로 만족감을 느끼는 가치를 제공받아, 기꺼이 해당 기업의 고객으로서 충성도를 제공하는 선순환의 균형을 이루게 될 것이다.

필자는 해운 항공 물류를 포워딩하는 회사를 경영하고 있다. 만일 일반 소비자를 대상으로 하는 영업을 한다면, 해외 직구에 따른 각종 관세 혹은 통관에 대한 정보들을 제공하는 형태가 좋을 것이다.

결국 기업은 고객을 통한 입소문이 가장 강력한 홍보 무기임을 알아야 한다. 기업으로서는 대량 구매 고객, 구매 빈도가 잦은 고객, 높은 만족도를 갖는 고객 등을 확보하여야 입소문을 내는 훌륭한 마케터 역할을 하는 고객으로의 변환을 이끌 수 있다. 또한 이는 자연스럽게 스타고객군을 확보하는 길이다.

스타고객군은 신규 고객 공략에 있어서도 아주 좋은 기회를 제공하는 단초가 된다. 기업은 이들 고객으로부터 집중 공략해야 할 표적 고객에 대한 사전 정보를 제공받을 수 있기 때문이다. 표적 고객 중 선험적으로 검증된 마케팅 활동에 적극적인 그룹을 우선적으로 찾을 수 있는 요소들을 찾아내야 한다. 그렇게 되면 고객 확보를 위한 마케팅 비용은 절감되고, 효율성 높은 마케팅 활동을 할 수 있다.

고객 만족 영역은 어느 것이 모범 답안이라고 할 수 없다. 기업의 사정과 여건에 맞춰 자기 기업만의 정의를 내릴 수 있어야 한다. 책에서 공부한 여러 가지 아이디어 중에서 가장 마음에 와 닿은 것은 다음과 같다.

고객만족이란 물컵의 종류는 매우 다양하다. 모양도 다르고, 그 속에 들어 있는 물의 양도 다르다. 이때 어떤 갈증을 느낀 사람이 와서 어느 모양의 물컵인지는 상관없이 필요한 만큼의 물을 마셨다고 하면, 물컵의 종류는 큰 상관없이 물에 대한 요구가 만족감으로 표현될 것이다. 즉 고객은 어떤 제품이든 서비스를 선택하기에 앞서 먼저 이 상품이 나에게 줄 수 있는 기대치를 갖게 되고, 그 기대치를 충족하기만 한다면 어떤 모양의 물컵이라도 상관없이 만족감을 느끼는 것이다.

고객이 진정 원하는 가치를 제공하는 것이 만족의 기본이다. 고객의 만족을 엉뚱한 형태의 가치 제공으로 본말이 전도되는 가치 전달로는 절대 고객만족이라는 영역은 지속성을 갖지 못한다. 진정한 가치가 무엇이고, 그 가치에 딱 들어맞는 상품 혹은 서비스 제공이야말로 골프 스코어를 줄이는 날씨 정보와 같은 역할을 하는 것이다.

'고객에게 우리가 제공하려고 하는 제품과 서비스가 정말로 그들에게 중요한 것인가?'에 대한 부분을 반드시 짚고 넘어가야 진정한 성공이 당신 곁으로 다가올 것이다. 고객만족의 핵심과 본질은 사람이 느끼는 가치에 있으며, 그 안에 있는 본연의 욕구와 진짜 니즈를 파악해서 해결해 주는 것이 바로 고객만족의 핵심 코어다.

진짜 고객의 니즈를 알기 위한 노력을 당신은 무엇을 통해 구현할 것인가? 기업은 고객이 있어야 존재한다. 존재의 의미를 지닐 수 있는 고객 만족과 확보를 위한 노력을 기대해 본다.

좋은 스코어를 위한 나만의 무기
타깃 고객을 노려라

골프를 치는 사람들이 희망하는 것은 스코어를 줄이는 것일 것이다. 그렇다면 모두가 희망하는 스코어를 줄이는 방안에 대해 정리해 보자.

먼저 꾸준한 연습은 기본임을 전제로 실제 라운드를 할 때의 자세 혹은 마음을 살피는 것이 좋을 것이다.

티샷을 하기 위한 첫 번째 필요 사항은 스윙 전에 공을 보내려고 하는 목표 지점에 대한 선택이 중요하다. 목표물을 정했다면 오른쪽 어깨로 목표물을 겨냥하는 조준점에 신경을 써야 한다. 아무리 스윙이 좋아도 목표물을 정확히 조준하는 것이 중요하다.

이때의 기준은 오른쪽 어깨로 하는데, 이에 익숙지 않은 골퍼들은 왼쪽 어깨를 기준점으로 삼는 경우가 많다. 그러면 공이 약간 오른쪽으로 치우친 상태로 목표물을 향해 가는 것과 같은 현상이 일어난다. 왼쪽 어깨가 기준이 되면 자연스럽게 오른쪽으로 몸이 열리는 상태가 되기 때문이다.

다음은 목표물을 선정했으면 목표물과 중간 지점에 있는 중간 목표물을 확인하는 습관을 가지면 좋다. 눈에 잡히는 것이라면 무어라도 상관없다. 이유는 공이 나가는 라인의 기준선을 잡기가 용이하기 때문이다. 여기서 중요한 포인트는 자기만의 목표물을 선정하는 아이디어와 해당 목표물을 조준하는 자신의 스탠스, 그리고 오른쪽 어깨를 활용한 조준점 정렬 등이니 좀 더 세심하게 신경써야 한다.

한편 티샷을 할 때 OB가 나오지 않도록 주의를 기울여야 한다. OB를 내면 그날의 스코어는 엉망이 된다. 사실 페어웨이에 안착하기를 원하면서 티샷을 하고 싶을 것이다. 하지만 무조건 페어웨이를 고집하는 것보다는 홀마다 안전한 장소에 안착시키는 것이 중요하다. 반드시 페어웨이만이 능사가 아니다. 중요한 점은 위험 지역을 피하는 것이 우선이다. 아마추어 골퍼는 자신의 강점을 발휘하기 위해 온 그린을 우선으로 하는 편이 훨씬 효율적이다. 따라서 그 점에 초점을 맞출 것을 권한다. 즉 세컨드 샷이 온 그린 하기 쉬운 코스 공략이다.

어프로치 샷은 단어가 주는 의미 그대로 행할 것을 권한다. 아마추어들은 과감하게 공략하는 것을 즐기는데, 해저드나 벙커가 있어도 오로지 핀만을 보고 공략한다. 이럴 경우를 포함하여 어프로치를 할 때는 말 그대로 그린 중앙에 붙이는 것을 목표로 접근하는 샷이 좋다. 문제는 퍼팅하기 편한 자리로 하는 것이며, 이러한 어프로치를 하게 되면 어프로치 샷의 목표가 해결된다. "하고 싶은 샷을 할 것이 아니라, 해야만 하는 샷을 하라"는 말을 받아들이면 좋을 것 같다.

마지막으로 퍼팅은 라인도 중요하지만 거리감을 알고 극복하려는 퍼팅이 중요하다. 라인이 좋아도 거리가 짧으면 화가 나고, 괜히 한 타를 더 허비하는 느낌이 든다. 그리고 이는 멘탈에도 굉장한 영향을 미치게 된다. 거리에 맞게 퍼팅하는 것을 중시해야 3퍼팅의 우를 범하지 않을 것이다.

이 외에도 많은 방법이 있는데, 모두 자신의 것으로 만들면 좋겠지만 실력을 향상시키는 연습과 함께 자신만의 무기로 만들어 가는 것이 중요하다. 그리하면 어느덧 스코어가 줄어드는 기쁨을 느끼게 될 것이다. 이왕이면 보다 빠르게 그 목표를 이루기 바란다.

이처럼 골프에서도 자기만의 무기를 장착하기 위해 다양한 방안을 연구하고 실행하는데, 기업의 리더라면 기업만의 무기를 장착하는 부분에 신경을 써야 할 것이다.

그중에서 기업의 최종 소비자인 타깃 고객과 목표로 하는 시장, 그 시장의 타깃을 어떤 형태로 구체화할 것인가에 대한 방안을 살펴보자.

기업에게 구체적인 목표 타깃에 대한 정의가 불분명하다면 큰 어려움을 겪을 수밖에 없다. 특별히 신경을 써야 할 고객군이 정의되지 않은 기업은 결국 어떤 고객군을 타깃으로 할지 정하지 못한 것과 같다.

전 세계에서 가장 큰 기업 중의 하나인 아마존은 초창기에 온라인으로 책만 파는 형태로 타깃에 대한 구체적인 목표를 가지고 출범하였다. 이는 자연스럽게 틈새 시장에 안착하는 기회를 제공하였고, 이후 발전을 거듭하여 지금의 위상을 차지하게 되었다.

비즈니스가 번창하기를 바란다면 집중해야 할 시장에 대한 접근부터 해야 한다. 첫 번째 순서는 목표 시장의 정의부터 이루어져야 한다. 목표 시장은 기업이 제품 또는 서비스를 제공하려고 계획하는, 특정한 형태로 선정된 소비자 세그먼트를 말하는 것이다. 그래야 이 목표 타깃을 기점으로 마케팅에 주력할 수 있다.

마케팅의 목표는 제품이나 서비스가 해당 상품에 적정한 소비자를 잘 알고 이해하는 데서 시작해야 한다. 그래야만 목표 고객에 대한 소비자 욕구와 요구 사항을 해결할 수 있는 상품 혹은 서비스를 제공할 수 있다. 목표 시장의 선정 혹은 구체화는 매우 신중해야 하며, 최선을 다해 공략해야 한다. 흔한 방법으로는 인구통계학적 방법이 있고, 심리적인 분석, 지리적인 분석 등이 가장 기본적인 방법이다.

목표 시장에 접근한 다음 보다 명확한 고객을 공략하는 데

전력을 쏟아야 한다. 타깃 고객은 기업이 전달하고자 하는 브랜드 혹은 메시지에 대해 긍정적인 태도를 갖는 고객이라고 보면 된다. 타깃 고객은 제품의 최종 사용자일 수도 있고 아닐 수도 있지만, 마케팅 활동에 타깃 대상이 되는 고객으로 보면 좋다. 이와 같이 기업과 소통이 가능한 그룹을 통해 진정 원하는 소비자의 욕구를 정확히 파악할 수 있다. 또한 제공하는 상품 혹은 서비스가 고객의 삶에 반드시 필요해야 하므로 고객에 대한 구체화 작업이 반드시 필요하다.

이러한 타깃 고객 혹은 목표 시장의 구체화 작업은 타깃팅에 매우 중요하다. 사람들은 넓은 그물을 던지는 것이 더 많은 물고기를 잡는 가장 좋은 방법이라고 착각한다. 그러나 진정한 어부들은 어떤 종류의 물고기를 잡을지 미리 계획하고, 그 계획에 따라 필요한 그물과 어장을 선택하여 작업한다. 또한 가장 적합한 시기와 필요한 시기를 택하여 작업을 실행한다. 우리 기업도 마찬가지다. 알맞은 시기와 도구, 그리고 필요한 실행을 해야 타깃화가 가능하고, 목표 시장으로 구체화한 고객을 만남으로써 성공적인 마케팅 활동을 할 수 있다.

명확하게 선정된 목표 시장을 통해 제품이나 서비스를 완벽하게 공급하면, 그 결과는 고객만족도가 높아지는 형태로 나타난다. 이는 매우 긍정적인 신호다. 따라서 고객을 잘 선정하면 마케팅 툴을 통하여 기업이 알고자 하는 모든 데이터 확보에 만전을 기할 수 있다.

이렇게 목표 시장과 타깃에 대한 접근이 마무리되면 공략할 시장에 대한 세그먼트에 들어가야 하고, 그렇게 되면 더욱 강력한 경쟁력이 확보될 것이다. 세그먼트를 파악하는 방안은 먼저, 당신의 상품 혹은 서비스가 고객의 욕구와 요구를 충족시킬 수 있는지 정확히 알아야 한다. 다음은 정확히 알아낸 정보들을 통해 당신이 목표로 하는 시장에 대한 정확한 정의를 규정해야 한다. 그래야 세그먼트를 좁혀 갈 수 있다.

그런 다음 실제 현장 반응 등을 통해 기존의 정의를 위한 각종 가설과 방향 등에 대한 피드백을 받으면서 정확한 확인과 점검을 해야 한다. 혹시 정의를 변경해야 할 경우도 있을 수 있기에, 반드시 가정에 대한 냉혹한 검증 단계를 거쳐야 한다.

기업에게 타깃과 시장의 선정이 궁극적인 목적은 아니다. 시장에서 소비자의 구매가 일어났는가가 중요한 포인트다.

소비자는 불면 날아갈까 쥐면 깨질까 하는 존재로, 기업의 최종 목표인 구매를 통한 매출 향상에 기여하는 충성도 높은 고객으로의 흡수를 진정한 목표로 하여야 하는 것이다.

충성도 높은 고객은 보다 다양한 활용이 가능하다는 것을 알았다면 좀 더 강력하게 다가가야 한다. 당신의 기업에서는 어떤 방식으로 구체화하고, 이를 정의하고, 어떻게 이들을 충성도 높은 고객으로 변화시킬 것인가?

함께 라운드를 하고 싶은 사람
진정성 있는 응대

　골프에 처음 입문할 때 항상 듣는 말이 있다. 골프는 신사의 스포츠이고, 골프는 매너로 시작해서 매너로 끝나는 운동이라는 말이다. 골프에는 매우 많은 규칙과 지켜야 할 예의가 있다. 이러한 매너를 지키지 않는다면 함께 라운드를 하고 싶은 사람은 되지 못할 것이다.

　골프는 필드에 나가려면 많은 준비가 필요하다. 티, 볼, 마크, 거리측정기, 파우치 등 꼭 필요한 것들이다. 이 물품들은 여유가 있는 경우에 빌려주기도 하므로 신경쓰지 않는 사람도 있는데, 절대로 금해야 할 행동이다. 자기 준비물은 스스로 챙기는 자세가 첫 번째 매너다.

　다음은 라운드 도중에 화를 내거나 소리를 지르는 행동은 하지 말아야 한다. 마음대로 공이 가지 않는 것이 소리를 지른다고 해결되는 것은 아니다. 자연과 함께 동반자들과 대화를 즐길 줄 모른다면 시간과 돈을 들여 함께하고 싶은 동료는 없을 것이다.

골프는 멘탈 경기여서 화는 본인의 스코어에 절대적으로 악영향을 미친다. 좋은 인간관계를 위해 하는 운동이 다시 만나기 싫은 블록을 쌓아가는 것이라면 굳이 골프를 즐겨야 할 이유가 없다. 본인에게도, 또 함께하는 동반자에게도 돈과 시간을 들여 나쁜 인상을 주는 바보 같은 짓은 절대 하지 말자.

또한 과유불급이라는 말이 딱 들어맞는 부분이 있다. 바로 상대방에 대한 쓸데없는 배려 혹은 조언이다. 배려는 상대방이 원하고 불편하지 않을 정도가 적당하다. 상대방의 의도와는 달리 '기브'의 남발은 무시하는 것으로 보일 수 있다. 양보와 배려도 상대방 입장을 고려하여 베풀어야 한다.

스윙에 대한 조언이나 충고도 마찬가지다. 청하지도 않는 조언이나 충고는 상대방의 마음을 상하게 하는 매너로 평가받기 쉽다. 좋은 분위기를 어색하게 하거나 상대방의 자존심을 건드릴 수 있음을 기억해야 할 것이다.

좋은 인간관계를 원한다면 첫인상도 중요하지만 부정적인 시그널을 주지 말아야 한다. 열 번 잘하다가 한 번 잘못하면 나쁜 이미지로 낙인찍히는 경험을 한 적이 있을 것이다. 늘 여유를 갖고 편안하게 배려하는 모습으로 좋은 인상을 주어야 한다.

성공적인 인간관계에서도 상대방으로부터 호감을 얻는 자세를 견지해야 한다. 그래야 상대방에게 호감을 얻고, 서로 훌륭한 파트너가 되는 기회를 갖게 되는 것이다.

골프는 옷차림도 중요하다. 신은 마음을 보지만, 사람은 겉모습을 보고 판단한다는 것을 기억하자. 옷차림은 동반자들의 평가는 물론 스스로 자세를 어떻게 해야 할지도 결정한다. 때와 장소, 상황에 맞은 옷차림이 필요한 것이다. 겉모습은 가장 먼저 그 사람의 내면을 보여 주는 것이다. 옷차림이 다른 사람에게 많은 정보를 제공하게 된다는 사실을 명심하자.

좋은 관계를 유지하기 위해서는 지속적인 노력이 필요하다. 작은 배려를 할 때도 방법을 살짝 바꾸면 상대방에게 강한 인상을 줄 수 있다. 좋은 말도 자주 듣다 보면 식상하듯, 작은 배려도 단순 반복을 거듭하면 효과가 반감된다. 변화를 주되 진정성이 담긴 배려는 효과가 몇 배로 늘어날 것이다.

스윙에 대한 칭찬도 구체적일 때 좀 더 효과적이다. 대놓고 하는 칭찬보다 당사자가 아닌 다른 이에게 하는 칭찬이 훨씬 효과적이다. 다른 사람을 통해 듣는 칭찬은, 인정받고 싶은 욕구와 자랑하고 싶은 욕구 두 가지를 모두 충족시킨다. 한마디 칭찬이 두 사람의 칭찬으로 효과를 표현하는 것과 같다.

행동을 할 때도 당당함을 유지하는 자세가 중요하다. 자기애가 깊은 사람은 자신에게 만족하고 있기 때문에 자신을 과장해서 과시할 필요를 느끼지 못하는 것과 같은 이치다. 교만하지 않으면서도 자신감이 넘치는 당당함은 매력적인 요소다.

우리는 골프를 인간관계의 증진을 위하여 많이 활용한다. 좋은 관계는 골프장 밖에서도 연장할 수 있어야 한다. 즉 함께 밥 먹고 싶은 사람이 되는 정도면 좋을 것이다. 우리는 누군가와 가까워지고 싶을 때 가장 흔한 표현으로 식사를 제안한다. 먹거나 마시면서 대화를 하면 이야기가 잘 되고, 음식을 접대한 사람에게 좀 더 쉽게 설득되기에 그렇다. 그 이유는 뭔가를 받으면 그만큼 베풀어야 한다는 '상호성의 원리'가 작동하기 때문이다. 또한 맛있는 음식은 유쾌한 감정을 파급하기 좋은 도구가 된다. 진실만큼 상대방의 마음에 각인을 시키는 수단은 없다.

따라서 기업을 할 경우에도 앞서 언급한 골퍼로서의 매력 요인의 활용 방안을 살펴보자.

고객은 참으로 귀하면서도 어려운 존재다. 고객과의 접점에서 꼭 필요한 말이 있다. MOT Moment Of Truth라는 마케팅 용어가 그것이다. 이는 '진실의 순간 혹은 결정적 순간'이란 뜻이다. 그 어원은 스페인에서 성행하는 투우에서 온 말이라고 한다. 투우사가 황소와 처음 마주하는 약 15초 내에 소를 제압하는 순간을 의미하는 것이다. 즉 순간에 강렬한 눈빛으로 소를 제압하는 찰나의 시간을 말한다. 고객과의 응대에서 고객에게 좋은 인상을 주고 구매 의욕을 갖도록 하는 가장 중요한 순간, 바로 진정성 있는 마음의 전달 시간이라고 보면 좋을 것이다.

이 MOT의 사례로 미국 노드스트롬이라는 명품 백화점의 예를 들어보겠다. 노드스트롬은 미국 전역에 215개 매장을 운영하는 백화점인데 우리에겐 조금 낯선 이름이다. 하지만 고객 응대 사례로 마케팅에서 많이 인용되는 기업이다.

노드스트롬의 고객 섬김을 가장 잘 나타내는 일화는 바로 타이어 환불 에피소드다. 그 일화가 일어난 시점은 1970년 알래스카에 있는 다른 백화점을 인수한 후였다. 전에 그 자리에 있던 타이어 회사에서 구매한 노인 고객이 타이어 두 개를 들고 와서 "내 차에 잘 안 맞으니 환불해 달라"고 요구했다. 그런데 그 타이어는 노드스트롬에서 팔지 않는 제품이었다. 하지만 노드스트롬 직원은 군말 없이 노인 고객의 요구를 따지지 않고 바로 환불해 주었다. 잘못 알고 찾아와 환불을 요구한 고객에게 잘 대응한 CS고객만족의 대표적인 사례였다.

노드스트롬 직원들은 고객에게 제품이 아닌 관계를 판매해야만 살아남을 수 있다는 것이 몸에 배어 있었던 것이다. 즉 고객과 마주하는 15초 전후의 진실의 순간MOT에 고객에게 어떤 인상을 주느냐가 구매로 이어지는 기회가 될 수 있다는 것이다. 이것이 바로 현장에서의 고객 접점에서 그 기업의 역량을 볼 수 있는 중요한 포인트다. 별 생각 없이 방문한 고객에게 진정성 있는 자세로 접근하여 계획에 없던 구매를 발생시키는 중요한 순간인 것이다.

고객의 마음을 얻어야 자연스러운 구매 욕구를 일으키게 되는 순간의 진정성이 고객과 감정을 공유하는 것이다. 작은 공감은 사소해 보여도 그것을 받게 되는 고객은 정성스러운 관심으로 여기게 되고, 이는 그 기업에 대한 믿음으로 표현되어, 편안한 마음을 가지고 그 기업이 제공하는 상품 혹은 서비스를 호감 어린 눈으로 보게 되는 것이다.

사람은 누구나 진정성 있는 말과 행동을 원하고 기대한다. 기업 마케팅의 기본은 고객들의 마음에 와 닿는 친절한 인사, 말 한마디, 표정, 행동들이다. 이는 고객의 충성도를 제고할 뿐 아니라 상투적인 말, 형식적인 인사 등의 진정성이 의심받는 상황은 단골 고객까지 떠나게 만든다는 사실을 명심해야 한다.

고객과의 끊임없는 교류만이 기업의 살 길이다. 기업이라면 고객에 대한 친절도 향상을 위해 CS customer satisfaction 교육을 해야 하며, 언제 어디서나 발휘되도록 몸에 배게 해야 한다. 모든 이들이 친절하고 진정성 있는 마음으로 고객 중심적으로 운영된다면, 고객들의 발걸음은 자연스럽게 그 기업으로 이동하게 될 것이다. 이것은 피할 수 없는 경쟁 속에서 살아남을 수 있는 지름길임을 잊지 말자.

상대방을 기쁘게 하는 골프 매너
역지사지의 자세

"먼 곳으로부터 벗이 찾아오니 이 또한 즐겁고 기쁘지 아니한가
有朋自遠方來 不亦樂乎."

《논어》 학이편에 나오는 이 말을 골프에서도 새겨두면 좋겠다. 골프는 상대방과 함께 기쁨을 나누는 운동이다. 골프장으로 나를 불러주는 지인들이 있다는 것은 얼마나 기쁜 일인가. 또한 골프장에 갈 때 친구를 부르는 것은 얼마나 기분 좋은 일인가!

골프를 할 때 먼저 상대방을 기쁘게 해 주고, 상대방과 함께 기뻐한다면 필드에서도 즐겁고 삶도 행복해질 것이다.

라운드를 할 때 OB를 좋아하는 사람은 없다. 스코어도 엉망이 되고, 작은 내기라도 할라치면 돈도 잃기 때문이다. 반면에 상대방이 OB를 내면 대개는 좋아할 수밖에 없다. 당연히 골프는

승부를 내는 운동이기에 역전의 기회가 될 수 있기 때문이다.

그런데 나는 다른 제안을 해 본다. 바로 OB를 즐기라는 것이다. 그 이유는 OB가 난다는 것은 우선 드라이브 샷 거리가 어느 정도 난다는 것을 의미한다. 드라이브 샷으로 200~210야드 비거리는 OB가 나는 경우가 드물다. 그러나 드라이브 샷 비거리가 230~250야드를 날리는 정도면 OB도 늘어나는 경우가 잦다. 우리나라 골프장 코스가 대개 산악형이므로 장타를 치는 사람에게는 OB가 나온 확률이 높다. 그러므로 장타를 날릴 수 있는 정도면 OB 기회가 많다고 보는 것이다.

나도 간혹 OB를 낸다. 그러면 동료들은 기쁨을 감추지 못한다. 변호사도, 교수도, 의사도, 큰 기업을 이끌고 있는 회장들도 마찬가지다.

경제학자와 심리학자들이 골프 내기에 건 돈의 가치를 계산해 본 적이 있는데, 금액이 적어도 심리적으로 30배의 가치를 지닌다고 한다. 만 원짜리 내기라도 심리적 느낌은 30만 원이라는 뜻이다. 심리적·정서적 반응이 엄청 크게 다가오는 것이다.

골프장에서 순간적이지만 기쁨을 주는 경우는 버디를 잡고 홀을 마친 후 스코어를 기록할 때다. 한편 동료들이 기뻐할 때는 바로 내가 아슬아슬하게 OB를 내는 순간이 아닐까 싶다.

언젠가 중요한 골프 미팅에서 있었던 일이다. 상대방은 나와 비슷한 비거리와 스코어를 기록하는 사람이었다. 내가 접대하는 골프였는데, 아슬아슬하게 OB를 내면서 내가 한 타 차로 지는 경기였다. 그러자 상대방은 내게 또 다른 골프 미팅을 청했고, 그날 상담도 잘 되었다.

경기를 마치고 뒤풀이 자리에서 그 이유를 묻자, 그는 웃으면서 아슬아슬하게 OB가 난 홀을 언급하였다. 그 순간의 짜릿함을 잊을 수가 없다면서 정말 즐거운 게임이었다는 것이다. 결정적인 순간의 OB가 상담 성공의 결정타를 만든 셈이다. "딴딴한 스코어를 내는 골프 고수도 실수를 하네!"라는 말을 들었던 기억이 난다.

아마추어들이 골프를 즐기는 이유는 인간관계를 좋게 하고, 일상의 스트레스를 날리기 위함이다. 자연 속에서 동반자들과 다양한 이야기를 나누고, 스코어를 위해 서로 견제와 배려를 하게 되는 운동이어서 가능하다. 그런 연유 때문에 나는 OB를 탓하기보다는 순간의 OB가 주는 상대방의 기쁨도 즐거움으로 승화시키기를 권한다.

스스로 좋아서 하는 일, 그리고 좋은 성과가 나는 일은 보약이다. 하기 싫은데 억지로 하는 일이나, 성과가 제대로 나지 않는 일은 바로 독약이다. 상대방도 좋고 나도 좋은 관계를 유지하는 팁으로 OB를 활용하는 기회를 가져보기 바란다. 내가 직접 골대에 공을 넣는 것도 행복한 일이지만, 내가 어시스트해서 골인이 되는 것도 행복하다는 것을 잊지 마라.

좋은 인간관계를 구축하고 싶다면 어떤 사람을 만났을 때 먼저 그 사람이 추구하는 목표와 장단점 그리고 강약점을 잘 파악해야 한다. 그리고 그 사람의 강점을 더욱 부각시키고 약점을 보완해 주는 자세를 취하면 좋다. 그 사람이 골인을 할 수 있도록 어시스트한다면, 상대방은 나에게 경쟁자가 아니라 협력자 혹은 동반자가 될 것이다.

이렇듯 골프에서 배운 인간관계의 철학을 기업 경영에서도 적용해 보는 길을 찾아보자. 기업이 고객을 이해하는 것은 매우 중요하다. 기업에 있어서 아주 기초적인 상식이지만 실제 실천하는 영역에서는 정말로 쉽지 않다. 기업에게 고객이란 외부뿐만 아니라 내부 고객도 있음을 잊어서는 안 된다. 또한 함께 협력관계에 있는 파트너들도 있음을 알아야 한다.

따라서 이들의 입장을 이해하는 자세는 반드시 필요하다. 역지사지하는 여유를 가지라는 것이다. 남과 처지를 바꾸어 생각하지 못하는, 즉 자기중심적 사고를 가진 사람이 마케팅을 잘한다는 것은 말이 되지 않는다. 다른 사람의 시각은 관심도 없고 자신이 좋아하는 제품이나 서비스를 하는 경우가 생기게 되기 때문이다.

그래서 소비자의 욕구를 제대로 이해하고 이에 대해 적절히 대응하는 기업이 우월한 마케팅 성과를 거둘 수 있다. 내부 고객인 조직원들도 마찬가지다. 조직원들이 원하는 바를 공감하고 이를 배려하는 기업은 조직원들로부터 열정과 협조를 구할 수 있다. 협력관계 파트너들도 그들이 원하는 바를 공감하고, 그들을 위하여 노력하는 자세를 보일 경우, 그 기업에 대한 대우와 처리 방법이 달라진다. 자발적인 도움과 지원이 따라오게 될 것이다.

이러한 정신적 여유는 앞서 언급한 골프 사례를 통해 깨우칠 수 있겠다. 또한 다양한 교육과 노력으로 체계적인 습득이 가능하다. 기업이 시장에서 생존하고 성장하려면, 관계를 맺고 있는 외부 고객과 내부 고객, 그리고 협력사들에게 그들이 필요로 하는 것, 원하는 것을 제공해야 한다.

사람과의 거래가 소멸되면 기업도 그 시장에서 소멸된다. 기업의 존립 조건은 기업이 제공하는 제품의 가치를 인정하고, 이에 돈을 기꺼이 지불하려는 소비자가 있어야 한다는 것이다.

이제 상대방의 입장을 진정으로 이해하는 방법을 정리해 본다.

첫째, 직접 경험해야 비로소 이해하게 된다. 정확한 정보와 감수성은 역지사지 자세의 기본이다.

둘째, 다른 입장의 상대방을 이해하려면 우선 정확한 정보가 필요하다. 고객에 대한 과학적이고 객관적인 지식을 갖고, 이를 합리적으로 반영하는 것이 고객을 위한 진정한 길이다.

셋째, 감수성을 키우는 인문 소양 교육도 필요하다. 자신이 배려받고 있다는 생각이 들면 거꾸로 고객, 조직원, 파트너들은 기업을 중심으로 생각하고 이를 도와주게 되어 있다.

넷째, 상대방의 입장을 모두 알고 있다는 오만한 생각을 버려야 한다. 낚싯대에 공을 들인 낚시꾼보다는 물고기가 좋아할 만한 미끼에 더 공을 들인 낚시꾼이 고기를 더 많이 낚는다.

기업은 항상 고객 중심, 조직원 중심, 파트너 중심으로 생각하고 마케팅을 실천해야 한다. 먼저 배려하고 이 배려가 있다는 생각이 고객에게 전해지면, 거꾸로 고객이 기업을 중심으로 그들의 메시지나 가치에 동의하고 이를 적극적으로 받아들이게 된다.

마케팅은 '기업이 무엇을 팔고 싶은가'가 아니라 '고객이 무엇을 사고 싶어하는가'에서 시작해야 한다. 역지사지의 자세를 견지하는 기업만이 성공하는 기업이 될 수밖에 없다.

'내가 상대방의 입장이라면'이라는 생각을 습관처럼 실천한다면 반드시 상대방의 배려를 바탕으로 성공 DNA를 지니게 될 것이다.

베풀 줄 아는 골프
21C 마케팅은 사회적 기여

예부터 우리나라는 '동방예의지국'으로 불리고, 인도의 시성 타고르는 '동방의 등불'이라고 표현했다. 여기서 예의는 에티켓이 아닐까 싶다. 우리는 골프를 에티켓의 운동이라고 한다.

그럼 골프 에티켓에 대해 살펴보자. 그 내용은 동반자들을 방해하지 않는 것일 수도 있고, 경기 속도를 지연시키지 않는 것일 수도 있다. 또는 상대방의 공을 같이 찾아 주는 것도 될 수 있고, 자신이 지나간 벙커 자국을 잘 정리하는 것일 수도 있다.

이 모든 것이 골프 에티켓에 포함된다. 또한 사람들이 잘 모르는 상황이 발생하였을 경우 룰을 제대로 알고 정확한 벌타와 스코어를 잘 적는 것도 에티켓이다.

이렇게 보면 골프에서의 에티켓은 상당히 광범위하다. 재미있는 것은 모두 41조로 된 골프 규칙의 제1장 제1절에 에티켓 조항이 있다는 것이다.

"플레이어가 스트로크를 할 때는 그 주변에서 떠들거나 움직여서는 안 된다."

"앞 팀이 완전히 떨어져 갈 때까지 플레이해서는 안 된다."

"항상 경기에 늦장을 부려서는 안 된다. 같은 조가 홀 아웃을 끝내면 곧 그 홀을 떠나야 한다."

"경기가 빠른 조는 패스시켜야 한다."

"디봇 자국은 잘 메우고 벙커 내의 발자국을 고르게 하라."

이와 같이 대부분 에티켓과 관련된 내용이며, 골프에서 가장 중요한 점이 무엇인지, 동시에 에티켓은 골프의 어떤 룰보다 중요하고 모든 룰의 기본 중의 기본임을 알려주고 있다.

골프는 다른 스포츠와 달리 경기를 진행하는 동안 심판referee, judge이 따로 없다. 기본적으로 선수의 플레이는 마커marker 또는 스코어러scorer라고 하는 스코어를 적는 상대와 모든 룰에 대해 상의하고 논의하여 진행하는 것을 원칙으로 한다. 경기 중에 간혹 일어나는 애매모호한 상황이나 선수 간 서로 다른 의견과 함께 정확한 판단이 어려울 경우에는 위원회committee를 청해서 판정받을 수 있다.

골프는 공을 치는 순간마다 궤적이 다르게 나오므로 그만큼 많은 상황이 연출될 수 있다. 그러나 경기 진행에 참여하는 선수들이 알아서 진행한다. 때로는 나쁜 마음으로 다른 사람의 눈을 피해 경기 스코어에 영향을 주는 플레이를 하기도 한다. 그럼에도 모든 것을 감내하고, 기본적으로는 전적으로 선수에게 맡기고 책임도 부여한다. 그렇기에 스코어 카드를 제출한 이후 어떤 속임수가 있는 경우라면 단순히 스코어를 고치는 것이 아니다. 경기 자체를 실격 처리하는 가혹한 결정을 내리는 경우도 있다.

순간의 실수로 상황을 자신에게 유리하게 하려고 다른 동반자를 속이거나 스코어를 낮게 줄인 경험이 있을 수 있다. 그럴 경우 마음이 불편하여 오히려 그날의 경기를 망치고, 경기가 엄청난 스트레스로 다가오게 될 것이다.

골프 룰 제1장 에티켓의 서론에서 유념할 부분은 "본 장은 골프 게임을 할 때 지켜야 할 예의에 관한 지침을 규정한다. 모든 플레이어가 이를 준수한다면 게임에서 최대한의 즐거움을 얻을 수 있을 것이다. 가장 중요한 원칙은 코스에서 항상 다른 플레이어를 배려하는 일이다"에 나오는 바로 '배려'라는 단어다.

"항상 배려하는 골프를 익히는 것이 중요하다"는 평소의 지론과도 같은 말이다. 또한 "룰 적용은 자신에게는 엄격하게, 상대방에게는 관대하게"라는 부분도 중요하다. 이러한 자세는 경기를 즐기러 간 아마추어 골퍼들이 서로 얼굴을 붉히거나 기분이 상해서 오는 경우를 피하는 유일한 길이다.

그리고 정신 집중을 방해하는 행위를 해서는 안 된다. 플레이어는 항상 코스에서 다른 플레이어들을 배려하여야 하며, 움직이거나 말하거나, 불필요한 잡음을 내서 플레이를 방해해서는 안 된다.

또한 플레이어는 티잉 그라운드 위에서 플레이 순서가 올 때까지 자신의 볼을 티업하는 행위는 하지 않아야 한다. 그리고 플레이어들은 샷을 하는 순간을 빼고는 서로 이야기도 할 수 있고 움직일 수도 있다. 하지만 자신이든 상대방이든 샷을 준비하고 하는 순간에는 최대한 소리를 내지 않아 플레이어가 샷에 집중할 수 있는 환경을 만들어 주어야 하는 것도 있다.

그리고 티잉 그라운드에는 샷을 할 차례가 된 플레이어만 올라가고 나머지 플레이어들은 다음 순서까지 샷을 하는 플레이어의 시야에서 충분히 벗어나 방해하지 않는 것이 최대한의 배려다.

이 외에도 많지만 항상 배려라는 자세를 견지하면 해결될 수 있는 것이다. 일반적으로 아마추어의 스코어 기록은 캐디가 적어 주거나 또는 자신이 직접 기록한다. 스코어 자체를 적는 것보다는 자신의 스코어를 골프 룰에 맞게 잘 적용하여 공정하게 기록하는 것을 중시한다.

간혹 "우리가 선수를 할 것도 아닌데" 하면서 스코어를 무시하거나 마음대로 적는 사람도 있다. 그렇지만 조금 더 골프를 즐기려면 자신의 스코어를 정확히 세고, 기록하고, 스코어가 주는 의미를 알아야 하는 것도 중요하다.

　이렇게 다양한 부분의 에티켓을 언급하는 것은, 배려라는 단어의 무게감을 다시 한번 되새기면서 기업 경영에서 필요한 배려는 무엇인가를 고민하는 기회를 갖기 위해서다.

　현대 사회에서 소비자라는 주체들은 기업과 기업이 내세우는 브랜드의 사회 공헌 활동과 그 방식에 대해 아주 주의 깊게 바라보고 있다. 소비자들이 사회적 활동에 대해 깊게 고찰하기 시작한 것이 기업 매출과도 연동되는 시대가 되었다. 소비자들은 기업과 브랜드가 행하는 사회 공헌 활동에 대한 진정성을 느끼고 반응하는 시대다. 따라서 이제는 기업이 사회 공헌이라는 영역을 무시할 수 있는 상황이 아니다. 그만큼 기업 이미지 향상 전략이 필요한 시대가 되었다. 이제는 소비자들이 제품이 지닌 의미와 가치라는 측면에 새롭게 주목하기 시작한 것이다.

　기업이 매출면에서 볼 때 가성비 외에 가심비라는 새로운 화두가 떠오른 것이다. 즉 경제적 관점에서 가성비가 절대적인 시대에서 절대적 가치가 아닌 시대를 살고 있는 것이다. 소비자들은 바로 나에게 의미 있는 가치를 중요하게 여기는 소비 패턴을 당연시하고 있다. 이러한 변화로 많은 기업이 아이덴티티라는 부분에 주목하게 된 것이다.

　브랜드 혹은 기업의 아이덴티티는 시장 내의 다른 제품이나 서비스에 비해 우리만이 갖는 차별화 요인이자, 모든 사업 및 브랜드 활동의 근간이 되는 브랜드의 결정체다. 곧 이는 기업 혹은 브랜드를 왜 만들었으며, 기업 혹은 브랜드가 나아갈 방향이 무엇인지, 그것을 만든 우리는 누구인지를 소비자에게 구체적으로 표현하는 것으로 정의하면 좋겠다.

기업이 계속해서 이윤을 추구하려면 단순히 브랜드 아이덴티티를 정립하는 것뿐만 아니라, 이를 계속 유지할 수 있는 사업 전략과 방향성을 가져야 한다는 것을 의미한다.

결국 이러한 흐름은 골프에서 가장 중요하게 여기는 배려라는 철학을 기업 혹은 브랜딩의 아이덴티티 정립에 중요한 요소로 사용할 것을 권하는 것과 같다.

어느 사이엔가 소비자는 이왕이면 좀 더 윤리적으로 평판이 좋은 기업의 제품을, 혹은 브랜드를 소비하는 것이 본인에게 훨씬 더 가치가 있다고 느낀다는 사실이다. 따라서 기업 혹은 브랜드의 철학과 지향점으로부터 비롯되는 진정성을 우리는 앞자리에 놓아야 하는 것이다.

이러한 활동이 소비자들에게 기업과 브랜드를 알리고 브랜드에 대한 충성도와 잠재적 구매 가능성을 높이는 데 매우 큰 비중을 차지하는 전략으로 구사되어야 한다는 것이다.

그저 진정성 있는 가치를 추구하는 자세만으로도 그들의 가치를 알아보고 인정하는 사람들이 그들의 제품을 소비함으로써, 함께 이를 공유하는 세상에 대하여 실제로 지속 가능성을 장기적으로 접근해야 함을 알려주는 것이다.

기업과 브랜드가 그들만의 방식으로 어떻게 사회에 기여할 수 있을까를 고민해야 한다는 사실을, 우리가 경영하는 기업 속으로 어떻게 끌어들일까 고민하는 시대가 됐다. 바로 이것이 차별성과 진정성을 동시에 어필할 수 있는 중요한 전략임을 잊지 말자.

골프에서 경영 전략을 배우다

부록

골프의 기원

골프용품에 얽힌 숨은 이야기

골프의 기원

나는 골프를 시작한 지 올해로 27년째다. 아마도 나처럼 작은 기업이라도 하려면 인간관계와 거래관계로 골프를 하는 사람이 많을 것이다.

골프는 다른 운동과 달리 창시자나 기원에 대한 정확한 기록이 없다. 지금까지 알려진 유래는 네 가지 정도다.

가장 오래전 기록으로는 로마시대 시저BC 100~44 때 파가니카 Pila Paganica라는 스코틀랜드 성을 정복한 로마 병사들이 야영지에서 한쪽 끝이 구부러진 막대기로 새털로 만든 공 형태의 물체를 치며 즐기던 놀이를 기원으로 삼아 스코틀랜드에서 점차 발전을 거듭하여 골프라는 운동이 되었다는 것이다.

또 하나는 기원전 홀랜드지금의 네덜란드 지방의 어린아이들이 즐겨 하던 코르프kolf라는 빙상장 놀이가 13세기 무렵, 당시 양모를 중심으로 교역이 활발했던 스코틀랜드에 건너가서 그것이 골프

16세기 네덜란드의 풍경화

로 발전되었다는 것이다. 자연스럽게 교류 중심지 역할을 한 항구도시마다 역사와 전통을 자랑하는 골프장도 많이 존재하기에 나름 설득력이 있어 보인다.

그런데 네덜란드의 골프가 스코틀랜드에서 번창한 이유는, 스코틀랜드의 자연 환경이 지금의 컨트리클럽과는 차이가 있지만, 유리한 조건을 갖추었기 때문이 아닐까 한다. 당시 스코틀랜드에는 골프장을 만드는 데 필요한 자연조건을 풍부히 갖추고 있었으며, 골프채롱 노이즈의 원재료가 되는 나무도 풍부했다고 한다.

그리고 골프 기원설이 중국이라는 설도 있다. 본래 중국에서는 골프를 '츠이완'이라 불렀는데, 이미 943년에 간행된 남당南唐의 사서에도 기록이 있다고 한다. 한편 현재 중국에 남아 있는 골프에 대한 기록은 스코틀랜드 공식 문서의 기록보다 무려 514년이나 앞섰다고 한다.

추환도벽화(推丸圖壁畵)

마지막으로 스코틀랜드의 양치기 소년들이 양떼를 돌보면서 스틱으로 돌을 쳐서 들토끼 집 구멍에 넣으며 즐기던 것이 골프의 시초가 되었다는 이야기도 있다.

현재로선 유럽 대륙에 있던 골프와 유사한 놀이가 스코틀랜드에서 독자적으로 육성되었다는 견해가 가장 유력하다.

골프가 어느 나라에서 시작되었는지 확실하지 않지만, 한 가지 분명한 것은 스코틀랜드 지방에서 꾸준히 발전되어 왔다는 것은 분명한 사실인 것 같다.

'골프Golf'란 스코틀랜드의 '고프Gouft, 치다'라는 단어가 어원인 듯하다. 멋진 잔디와 잡목이 우거진 작은 언덕으로 이어진 스코틀랜드의 지형은 골프 코스로 적합했고, 이 땅들은 공유지여서 사람들이 자유롭게 이용할 수 있었다고 한다.

13C 스코틀랜드
양치기 소년들의 놀이

1847년 찰스 리가 그린 '대결투(The Grand Match)'
올드 코스에서 벌어진 R&A 연례 미팅에서의 투볼 포섬 대회

골프의 기원과 발상지에 대한 명쾌한 정답은 없지만, 무엇보다
중요한 것은 골프가 신사의 스포츠였던 것만은 분명하다.

세인트 앤드루스 클럽(Saint Andrews Club) : 1754년 조성

R&A(The Royal&Ancient) 영국왕실골프협회

USGA(United States Golf Association) 미국골프협회

이러한 골프가 과연 대중 스포츠로서 가능한지 혹은 그 매력은 무엇인지를 살펴보는 것도 좋을 것 같다.

 '골프가 운동이 된다 안 된다' 등 말도 많고 탈도 많은 골프는 20세기에 들어서면서 불세출의 스타들이 등장하며 최고의 인기를 구가하기 시작했다.

 또한 골프 시장은 천문학적 규모로 커지면서 하나의 산업으로 성장하였다. 프로 선수들에게는 막대한 부와 명성을, 아마추어들에게는 끝없는 도전의 스포츠로, 기업인들에게는 일종의 사교 수단으로 발전되었다.

골프용품에 얽힌 숨은 이야기

1) 골프공에 숨어 있는 과학

골프공은 한손에 쏙 들어온다. 딱딱하지만 톡톡 튄다. 나는 브랜드에 크게 개의치 않는데, 유독 골프공에 민감하게 반응하는 사람이 있다. 공이 좋아야 타수를 줄일 수 있다고 생각한다. 단순하고 작은 공에 어떤 과학적 원리가 숨겨져 있기에 그리 생각하는 사람이 있을까?

골프공의 중량과 크기, 모양 등은 정식 규격이 정해져 있다. 미국골프협회United States Golf Association, USGA와 영국왕립골프협회 The Royal&Ancient, R&A에서 "중량은 1.62온스45.93g, 공의 직경은 1.680인치42.67mm 이상, 모양은 구면 대칭형, 초기 속도는 초당 250피트72.6m 이하, 비거리는 굴러가는 거리를 포함해 317야드 289.865m를 초과할 수 없다"고 규정해 놓았다.

이러한 규정은, 골프 코스 길이는 제한적이므로 골프 장비의 기술적인 개발로 공의 비거리를 한정 없이 키워 놓는다면 스코어를 겨루고 비거리가 스코어에 아주 중요한 역할을 하는 골프의 의미를 퇴색시킬 것이 염려되어 정한 것으로 알고 있다.

또한 공의 중량을 규정한 이유는 물리학에서 운동량은 중량에 비례한다는 이유로 공이 무거우면 가벼운 공보다 운동량이 증가하여 비거리가 증가하므로 중량을 제한한 것이다. 그래서 조금이라도 무거운 공을 선택하는 것도 비거리를 늘릴 수 있는 방법이다.

골프공의 딤플은 1860년대까지는 없었다. 그동안 매끈한 공을 사용했는데 공 표면에 상처가 났을 때 좀 더 멀리 날아간다는 사실을 알게 되면서부터 딤플이 장착되게 된 것이다.

골프공의 딤플 개수는 브랜드마다 다르지만, 대략 300~500개 정도다. 이 딤플의 역할은 양력의 원리가 작동되어 공기의 저항도 줄이고 터뷸런스turbulence라는 난기류를 발생시켜 공의 부력을 높여 보다 멀리 날아가는 데 도움을 주는 역할을 한다. 공의 중량이나 크기에 대한 규격은 있지만 딤플 개수는 특별히 정하고 있지는 않다.

2) 골프공이 발전해 온 발자취

골퍼들의 가장 큰 욕심은 골프공을 보다 멀리 보내고 좀 더 정확한 방향성을 유지하는 것이다. 자신의 팔과 하나로 움직여

파워 코어

제어 코어 : 콘트롤러층

내부 커버 : 우레탄

외피 커버 : 지르코니움

딤플 : 약 300~500개

골프공과 그 내부 구조(4겹 구조)

줄 클럽 선정과 신체적 조건에 부합하는 스윙 폼은 물론이고 멀리 정확하게 날아갈 공은 정말 중요하다.

그렇다면 골프공의 유래와 어떤 경로를 거쳐 발전해 왔는지 알아보는 것도 좋을 듯싶다. 지난 수백 년 동안 장비도 발전하였지만 공도 역시 끊임없이 발전해 왔다.

최초의 골프공은 13세기부터 17세기까지 사용된 회양목, 너도밤나무, 느릅나무 등으로 만든 나무 공이 시초라고 볼 수 있다. 그 이전에는 주로 둥근 돌멩이를 사용한 것으로 보인다.

18세기에 들어서면서부터 깃털로 만든 공이 등장하면서 골프공의 발전이 시작된 것으로 보는 것이 일반적이다. 이 공은 페더리feathery라고 불리며, 동물 가죽에 새 깃털을 넣어 만든 것이다. 이 공의 드라이버 비거리는 약 180~220야드 정도로 알려져 있지만, 단점으로는 물에 젖으면 모양이 일그러지고 탄력이 떨어

과거 돌, 나무, 가죽으로 만들어진 골프공   출처 : LG화학 공식 블로그

져 사용하기에 문제가 많았다. 공의 크기는 직경이 43~46mm, 중량은 43g 정도였다.

이후 발전을 거듭하여 1845년에 구타 페르차 볼Gutta-Percha ball 이라는 골프공이 등장하게 되었다. 이 공은 말레이시아의 사포딜라 나무의 진액을 말린 것으로 실온에서는 단단하지만 열을 가하면 탄성이 느껴질 정도로 말랑말랑해져 손으로 동그랗게 굴려서 볼 모양을 만들 수 있었다고 한다. 이 볼을 몰드로 제작하면서 골프공의 대량 생산이 가능해진 것이다. 다만 비거리가 잘 나오지 않는 단점이 있었으나, 공 표면에 상처가 나면 날수록 비거리가 향상되는 현상이 나타나면서 딤플의 유래가 된 것이다.

1898년 미국의 아마추어 골퍼 코번 헤스켈에 의해 구타 페르차 볼은 딱딱한 고무 핵에 긴 고무줄로 탄력을 높인 하스켈 Haskell이라는 고무 코어 볼로 발전하게 되었다. 굿리치 타이어와

좌 : 페더리 우 : 구타 페르차 볼
출처 : The Golf Museum James River Country Club

코번 허스켈이 발명한 첫 고무 골프공   출처 : Bunkersparadise.om

함께 두 개의 재질로 이루어진 투피스 골프공을 개발한 것이다. 그
후 인조 고무 핵 부분에 합성수지를 코팅한 이 공들은 다양한
매쉬 패턴 그물망 모양으로 오늘날의 공 형태로 완성되어 갔다.

출처 : The Sports Shop(History of teh Golf Ball)

오늘날 골프공의 구조는 하스켈이 발명한 고무공과 큰 차이는 없지만, 소재와 표면처리 방법이 발달하면서 물리학자와 화학자들의 연구로 성능이 비약적으로 향상되었으며, 또한 현재 골프공의 모습을 갖추게 되었다. 이후 세계적인 골프공 메이커들은 '거리와 정확도'를 내세우며 다양한 골프공을 개발하여 지금에 이르게 된 것이다.

3) 드라이버 샤프트가 갖고 있는 과학

골프에 있어 가장 눈여겨볼 요소는 거리Distance와 정확성 Accuracy이다. 그래서 더 멀리 더 정확히 날아가는 궤적을 만드는 스윙 폼이 중요한데, 이외에 골프채도 한 축을 담당한다. 그중에서 샤프트에 대해 알아보자.

샤프트는 양치기들이 골프를 시작할 때는 일반 나무를 사용하다가, 이후 PVC를 사용하면서 점차 발전하여 탄성이 가장 좋은 그라 파이트 샤프트로 발전되었다. 샤프트의 그립 역시 동물 가죽을 사용하다가 최근에 합성 그립으로 발전했다.

골프는 108mm의 아주 작은 홀컵에 공을 정확히 넣기까지 그 과정의 숫자를 다투는 게임이다. 공을 보다 멀리 보내려는 욕망과 작은 홀컵에 정확하게 넣으려는 두 욕망이 합쳐지면서 골프는 매력적인 스포츠로 다가오게 된 것이다.

우리는 보다 멀리, 보다 정확하게 하기 위해 골프공과 골프채에도 심혈을 기울인다. 여기에는 과학적 원리가 내재되어 있다. 과학이라고 머리를 절레절레 흔들지 말고 차분하게 알아보는 것도 좋을 듯하다.

골프공을 멀리 날리려면 먼저 골프채의 재질이 중요하다. 즉 반발계수가 좋은 드라이버와 아이언이 우선이다. 물론 딤플이 많이 들어간 골프공도 중요하지만 말이다.

골프채 중에서도 샤프트를 먼저 살펴보겠다. 샤프트는 탄성이 정말 중요하다. 우선 보다 먼 거리의 궤적을 위해서 토크torque라는 개념을 알아야 한다. 토크는 회전력으로 인하여 발생되는 힘을 말하며, 이 힘은 회전을 통해 밖으로 뛰쳐나가려는 원심력의 일부다.

토크를 나타내는 힘의 크기는 회전의 중심에서 힘이 작용하는 지점까지의 길이에다 힘의 수직 성분을 곱하면 측정된다. 즉 토크의 크기는 회전 중심에서 힘이 작용하는 곳까지의 거리가 멀수록 큰 힘이 생기는데, 샤프트의 길이가 길면 길수록 더욱 큰 힘이 나오게 된다.

따라서 비거리가 가장 크게 나오는 골프채는 당연히 길이가 가장 긴 드라이버다. 말하자면 토크가 가장 큰 것이 드라이버다.

드라이버는 보통 남자 골퍼의 경우 200m 이상을 보내기도 하고, 힘이 좋은 파워 히터는 300m를 넘기기도 한다.

그다음은 3번, 5번, 하이브리드 순으로 200m 내외, 190m 내외, 180m 내외 정도로 날아간다고 알고 있다.

아이언은 3번 170m, 4번 160m, 5번 150m, 6번 140m, 7번 130m, 8번 120m, 9번 110m, 피칭 웨지 100m, 어프로치 웨지 90m, 샌드 웨지 80m 내외의 거리를 보인다.

사실 골프공을 멀리 보내는 힘은 클럽 헤드가 갖는 정점에서의 위치에너지와 이 클럽을 스윙하면서 생기는 운동에너지가 합쳐져서 공에 충격을 가하는 힘으로 날아간다. 이때의 힘이 바로 공에 가해지는 총에너지가 되는 것이다.

이때 발현되는 총에너지의 손실을 최소화하고 온전히 발휘되도록 잔디에 티를 꽂고 티샷을 하면서 잔디와의 마찰력을 줄이는 동시에 잔디를 치지 않고 정확히 공을 맞히는 것이고, 공이

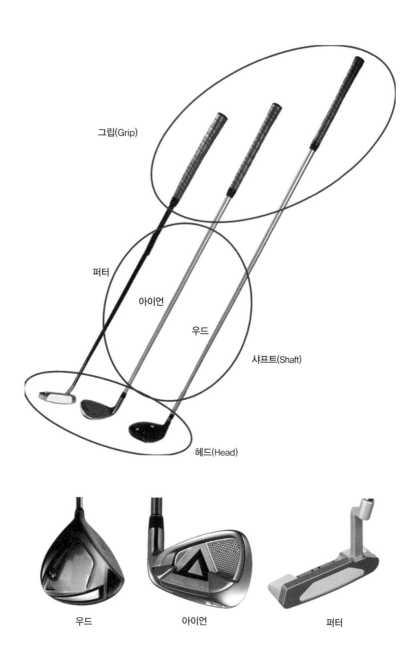

그립(Grip)

퍼터

아이언

우드

샤프트(Shaft)

헤드(Head)

우드   아이언   퍼터

헤드와 접촉하는 순간의 임팩트를 정확히 함과 동시에 완벽한 탈출 각도를 만들어 내야 한다.

이런 연유로 18홀 정규 골프 코스 가운데 파 4홀 이상은 드라이버를 사용하고, 파 3홀은 아이언이나 우드를 사용하는 것이 일반적이다. 파 3홀 코스는 보통 200m 이하 거리로 이루어지고, 파 4홀 코스는 300m 이상, 파 5홀 코스는 400m 이상의 거리로 설계된다.

결국 비거리를 멀리 보내는 것도 중요하지만, 공의 최종 도착점이 정확하지 않으면 108mm 홀컵에 들어가는 일은 없으므로 그에 대한 해결책으로 골프채가 14개 준비되는 것이다.

드라이버를 고를 때 골퍼들은 자신이 선호하는 브랜드와 헤드 모양을 가장 중요하게 고려하여 선택한다. 더불어 드라이버의 헤드 모양뿐만 아니라 샤프트의 특징과 성능까지 꼼꼼하게 따져야 하는 이유는, 샤프트가 골프채 성능의 반 이상을 좌우하는 아주 중요한 장치이기 때문이다. 그래서 샤프트는 골프채에서 자동차의 엔진으로 비유되기도 한다. 샤프트의 종류에 따라 비거리, 방향, 탄도, 구질 등이 다양하게 변주되기 때문이다.

샤프트는 플렉스탄성 강도에 따라 통상적으로 Xextra stiff, Sstiff, SRS와 R의 중간, Rregular, Aamature, Llady 등으로 구분된다.

이때 플렉스를 선택하는 기준은 스윙에 따른 헤드의 스피드가 가장 중요하다. 자신의 헤드 스피드를 측정해 보면 남자들의 경우 시간당 85~95마일 속도를 가질 것이다. 바로 이 경우에 레귤러 플렉스의 샤프트를 선택하면 되는 것이다. 여성의 경우는 대략 60마일의 속도를 내는 것으로 알고 있다.

욕심을 내어 플렉스가 강한 샤프트를 선택하는 경향이 있는데, 이는 일종의 심리적인 요인이다. 자신의 역량에 맞는 샤프트가 중요함을 잊지 말아야 한다.

다음은 샤프트의 킥 포인트가 중요하다. 킥 포인트는 공의 궤적에 매우 크게 영향을 미치는 역할을 한다. 킥 포인트는 샤프트의 하단, 중간, 상단 어느 부분에서 휘어지는지에 따라 로low, 미들middle, 하이high로 구분한다. 공의 궤적이 낮게 된다면 로 킥 포인트 샤프트를 사용하면 좋고, 반대로 공의 궤적이 너무 높은 경우에는 하이 킥 포인트 샤프트를 쓰면 좀 더 좋은 궤적을 이끌어 낼 수 있다.

한편 샤프트에 관해 잘못 알려져 있는 사실 가운데 하나는 바로 스틸이 그래파이트보다 강하고 변형이 일어나지 않을 것이라는 생각이다. 그러나 스틸 샤프트는 훨씬 변형이 잘 일어나고, 그로 인해 교체 주기도 빠르다. 스틸 샤프트의 원상 복원력이 그래파이트 샤프트에 비해 현저하게 떨어지기 때문에 샤프트가 휘어지는 현상이 발생하기도 한다. 이러한 변형은 공의 방향성에 아주 심각한 영향을 주게 된다. 또한 스틸은 산화되는 현상, 즉 녹이 생겨 강도가 약해지기도 한다. 통상적으로 샤프트의 수명은 그래파이트의 경우는 10,000번의 스윙, 스틸은 5,000번 정도의 스윙이라고 한다.

따라서 골프채의 3요소인 헤드, 샤프트, 그립에서 샤프트를 선택하는 과학적인 센스와 요령은 헤드 스피드에 맞는 샤프트를 선택하는 것이다.

골프공을 치는 에너지의 변환은 하체에서 몸통, 손, 클럽 순서다. 이때 샤프트의 역할은 스윙 에너지를 최대한 헤드에 전달할 수 있도록 돕는 것이다.

4) 클럽과 골프공 속에 있는 물리학 원리

골프채와 골프공의 만남에 따른 비거리 결정은 클럽 페이스와 공이 만나는 순간의 반발계수에 따라 결정된다. 반발계수의 절대적인 극대치는 1.00이지만 실질적인 한계치는 0.93이다.

반발계수를 극대화하기 위한 노력은 드라이버에서 가장 많이 나타난다. 일반적으로 반발계수 0.1에 해당하는 비거리의 증대치는 약 2야드에서 5야드 정도다. 따라서 그들은 반발계수의 증대를 위해 헤드 페이스에 노력을 경주한다. 그래서 나온 결과는 헤드 페이스를 최대한 얇게 만드는 것이다. 이런 결과는 의외로 헤드 페이스가 쉽게 깨지는 약점이 있기에 딜레마로 작용하고 있다. 두껍게 만들면 반발계수는 떨어지지만 내구성은 오래가는 문제가 있는 것이다.

헤드 정면   헤드 위   헤드 측면

샤프트(Shaft)

호슬(Hosel)

넥(Neck)

토(Toe)

클럽 페이스
(Club Face)

클럽 페이스에 공이 닿는 3가지 경우

한편 미국골프협회USGA와 영국골프협회R&A는 공식 경기에서는 반발계수를 0.83으로 규제하고 있다. 자료에 의하면 현재까지 출시된 드라이버의 반발계수가 가장 높은 것은 0.88 정도로 알려져 있다.

골프채 중에서 가장 민감한 반발계수로 신경쓰는 것은 드라이버지만, 실제로는 퍼터가 가장 높은 반발계수를 갖고 있다. 골프공의 시속이 6km인 경우 반발계수가 가장 큰 것이 퍼터다. 퍼터의 퍼팅 시 스트로크 속도는 보통 시속 6km 정도인데, 이때의 반발계수는 무려 0.93 이상으로 나타난다고 한다. 헤드와 공의 만남에 따른 최고의 탄성은 바로 퍼팅 시 나타난다는 사실이다.

골퍼는 클럽의 스윙으로 스타트를 하게 된다. 이때 공과 클럽이 만나는 구간은 아주 짧은 거리로 몇 센티미터에서 물리학의 원리가 적용된다.

클럽 헤드의 페이스는 지면과 수직으로 놓이는 것이 아니고 약간 뉘여져 있다. 이 누운 각도를 로프트라고 한다. 로프트에서 시작하는 공은 클럽이 지면과 거의 수평으로 이동하게 되고, 로프트는 수직은 아니기에 로프트로 인해 각도를 갖게 되므로 공을 비껴 치게 되는 상황이 되고, 공에는 역회전이 걸려 비거리가 형성되는 것이다.

물리학에서의 비행거리는 출발각과 속도로 결정되는데, 보통 45도에서 가장 멀리 날아간다. 그런데 역회전이 걸리는 경우에는 조금 다르다. 공에 역회전이 걸리면 공 윗부분과 아랫부분에 공기 흐름의 차이가 생겨 공이 위로 뜨는 터뷸런스가 발생한다. 야구에서도 투수가 공의 실밥을 이용하여 어떻게 챙기는가에 따라 회전이 일어나는 현상이 다양하게 나타나고, 이는 공의 변화를 이루어 다양한 구질을 형성하는 것은 이치다. 축구에서도 무회전 킥이나, 갑자기 뚝 떨어지는 킥에 이러한 원리가 작용하는 것이다.

더군다나 골프공은 딤플이 있어 더욱 다양한 변주가 일어난다. 딤플이 역회전이 걸리면 보다 다양한 공기의 흐름을 일으키고, 이는 공기의 마찰 저항을 줄이면서 비거리를 향상시킨다.

일반 물리학 이론처럼 45도 각도로 골프공을 칠 경우에 공은 생각처럼 멀리 가는 것이 아니고, 하늘 높이 솟아오를 뿐 비거리는 얼마 되지 않는다. 골프에서는 공이 떨어지고자 하는 힘과 역회전으로 인해 발생하는 터뷸런스로 인한 양력으로 공이 떠오르는 힘과 서로 상쇄 작용을 일으키면서 멀리 날아간다.

이렇듯 클럽과 공이 만나는 순간의 찰나가 공의 방향과 거리를 제어하는 데 꼭 알아야 할 주요 사항이다. 클럽에서 처음 만나는 공과의 각도와 역회전량을 보다 이상적으로 만들기 위해 클럽 헤드의 형상, 재질, 가공방법, 표면처리를 어떻게 해야 할지 결정하여야 하며, 이에 따라 무게중심, 오프셋, 관성 모멘트, 경도, 마찰계수 등이 다르게 나타나는 것이다. 또한 클럽 샤프트의 재질, 강도, 무게, 길이에 따라 샤프트 플렉스, 킥 포인트, 밸런스, 토크 등의 물리적 성질도 결정되며, 그립의 재질과 형상 등도 그에 맞춰 형태를 정한다.

초보자들은 공이 빗맞을 경우에도 좀 더 멀리 날아가는 직진성을 위해 일반적으로 클럽의 무게 중심은 낮추고 샤프트의 킥 포인트를 낮추도록 설계된 클럽을 선택하고 관성 모멘트는 큰 것을 선택하면 좋다.

이렇게 다양한 클럽의 성격과 공에 대한 변수로 비거리가 달라지는데, 여기에다 골퍼의 신체조건과 스윙 패턴과 오랜 연습에 따른 숙련도 등을 고려하여야 하는 클럽 선택은 정말 어려운 작업이다.

다양한 변수가 존재하는 골프는 좀 더 깊이 들어가면 이와 같은 문제를 떠나 보다 심리적인 단계까지 영향을 받는 운동이다. 마치 바둑 고수가 "바둑판 앞에서 마음을 비우라"는 격언을 마음에 새기듯 골퍼들도 "마음을 비우고 무의식으로 스윙하라"는 말을 기억해 두어야 한다.

그래서 골프의 길은 구도의 길과도 같은 것이 아닌가 싶다.

골퍼들의 꿈, 에이지 슈트 Age-Shoot

아직은 골프와 경영이라는 두 영역의 융합컬래버레이션은 낯설 수 있다. 그런데 그 낯선 바다에 뛰어들어 글을 쓰면서 또 한 번 자신을 돌아보는 기회가 되었다.

그동안 23년째 작은 기업을 경영하면서 온갖 어려움을 이겨내 며 내실을 다져왔고, 또 만학으로 대학원에서 경영학 석사과정 을 공부하면서 다양한 경영이론을 배웠다. 그리고 27년간 필드 에서 다양한 변수와 위기를 극복하는 지혜를 터득하며 골프와 경영의 함수관계를 알게 되었다. 그러한 필드 경험을 경영 전략 과 접목시켜 또다시 책을 출간하게 되어 무척 기쁘고 감사하다.

사람마다 각자 행복한 길이 있다.

나에게도 언제 가장 행복하냐고 묻는다면 "필드에서 친구들 과 골프를 칠 때"라고 대답할 것이다. 나는 골프가 정말 좋다. 늘 고독한 리더의 길을 걸어오면서 자연과의 교감을 통해 위로를 받았고, 자연스럽게 골프는 내 삶의 돌파구가 되었다.

골퍼로서 홀인원도 해 봤고 프로 자격증까지 갖고 있어서 그런지 몰라도, 나는 골프에 대한 세 가지 꿈이 있다. 홀인원Hole-In-One과 언더 파 플레이under par play 그리고 에이지 슈터Age-Shooter에 오르는 것이다. 물론 여기에는 엄격한 조건이 있다. 전장 6,300야드 이상의 공식 경기 스코어의 기록이 있어야 한다.

당연히 전제 조건도 있다. 노터치no-touch, 노 멀리건no-mulligan, 노 기미no-gimme 등 3노 플레이는 기본이다. 나는 그동안 운 좋게 홀인원과 언더 파 플레이는 경험하였다. 이제 마지막 남은 꿈은 에이지 슈트이다.

에이지 슈트는 골프의 세 가지 꿈 중에서 가장 이루기 어려운 것이다. '에이지 슈트는 골프에서 가장 어려운 위업 중의 하나 Age-shooting is one of the most difficult golfing achievements'로 꼽는 것이기에 더욱 그렇다. 다만 요즘은 골퍼들의 왕성한 체력과 골프채와 골프공 등 골프용품의 발달로 점차 많아지고 있다. 나도 이에 편승하고 싶은 욕심에 우리나라 경영자 중에서 에이지 슈트를 기록한 재계 리더들에 대한 기록을 추적해 보았다.

2004년 당시 강남300컨트리클럽과과 상호건설 오너였던 맹성호 회장이 고희 나이에 69타로 에이지 슈트를 기록했다. '에이지 슈트'는 자기 나이보다 많지 않은 타수로 18홀을 마무리하는 진기록을 의미하는 것이므로 정말 대단한 기록이었다. 당시 맹회장은 "골프채를 잡은 지 35년 만의 경사다. 나이가 들면서 '에이지 슈터'가 목표였는데 꿈을 이뤄 하늘을 날아갈 것 같다"고 했다.

대부분 나이가 들면 비거리가 짧아지고 집중력이 크게 떨어질 수밖에 없다. 따라서 에이지 슈트 달성은 정말 어려운 기록이며, 일어날 확률은 1만2000분의 1에 불과하다.

국내에서는 프로 골퍼 1호인 고 연덕춘 전 한국프로골프협회 회장이 유일하고, 아마추어를 통틀어도 공식적인 에이지 슈터가 된 골퍼는 정말 몇 명 안 된다.

그 밖에 2020년 7월 16일 이포CC에서 경복고 직전 총동문회장인 이희열 선배님74세이 동문 골프 모임에서 74타로 에이지 슈트를 했다. 태림섬유 손태곤 회장 같은 분은 이렇게 어려운 에이지 슈트를 무려 15차례나 하여 골퍼들 사이에는 전설적인 인물로 꼽힌다. 그리고 삼양통상 허정구 전 회장, 대구컨트리클럽 우제봉 전 회장, 한국은행 박성상 전 총재도 있고, 삼화식품 양병탁 회장도 있다.

2009년 일이지만, 참치캔으로 유명한 동원그룹 김재철당시 76세) 회장이 경기도 안양베네스트 골프장에서 3오버파 75타를 기록, 에이지 슈트를 기록했다는 기사도 있다. 에이지 슈트를 기록하는 것 중에서 더욱 어려운 것은 에이지 브레이크다. 이는 나이

보다 더 적은 타수를 치는 것을 말하는데, 당시 76세였던 김 회장이 스코어카드에 75타를 기록하여 에이지 브레이크가 되었다. 이는 뛰어난 실력을 갖춘 프로 골퍼도 60대 중반이 넘어서까지 건강하지 못하면 에이지 슈트도 어려운데, 에이지 브레이크까지 달성한 것을 보면 정말 부러운 기록이다.

또한 2008년 고 구자경 LG명예회장이 84세에 84타 에이지 슈트를 기록한 적도 있다. 당시 구 회장은 경기도 곤지암컨트리클럽에서 능성 구씨 대종회 회원들과 함께한 경기에서 84타를 기록, 에이지 슈터가 된 것이다. 이날 특히 아이언 샷이 좋아 파 8개를 기록하는 등 컨디션과 경기 감각이 매우 좋았다고 한다.

한편 에이지 슈트를 기록하지는 못했지만 기업 경영에 탁월한 능력을 보여 준 기업가들의 골프 스코어도 잠깐 살펴보자.

먼저 떠오르는 인물은 삼성그룹 고 이건희 회장이다. 이 회장은 일본 와세다대학 유학 시절에 아마추어 선수 생활을 했을 정도로 일찍부터 아주 훌륭한 실력을 가졌던 것으로 알려졌다. 국내 최고로 평가받는 안양베네스트 골프장의 조경도 직접 신경을 쓰며 공을 들였다고 한다. 골프광으로 불릴 정도로 골프를 사랑했던 이 회장은 여기에 세계 최고 명품 자동차인 영국 롤스로이스 골프 전용 카트를 갖다 놓았다고 하는데, 삼성 라이온스 야구단이 코리안 시리즈에 우승하고 축하 기념 라운드를 할 때 김응룡 감독에게 그 카트를 내어 준 적이 있다는 신문기사를 본 적이 있다. 노년에는 골프를 치지 않았지만, 이 회장도 에이지 슈트를 기록하지 못한 것을 보면 정말 쉬운 일이 아닌 것만은 틀림없다.

국내 재계에서 가장 골프를 잘 치는 경영자는 코오롱그룹 이웅렬 회장이라는 얘기를 들은 기억이 있다. 자료를 찾아보니 이웅렬 회장은 '핸디캡 5' 정도의 프로 골퍼 못지 않는 고수라고 한다. 골프 칼럼도 쓸 정도이니 이론과 실전를 겸비한 실력을 가졌던 것 같다.

또 중견그룹 원익의 이용한 회장은 자유, 소통, 행복의 전도사이며 훤칠한 외모에 영국 신사라는 애칭을 갖고 있는데, 핸디 6 정도의 실력자이면서 컨디션이 좋은 날은 이븐을 칠 만큼 골프 실력자라고 한다.

사실 나는 사업을 시작하기 전에 접대를 하기 위해 골프를 시작했다. 그러나 우리나라 재계의 리더들은 오너 일가족이 아닌 경우엔 기업 내에서 어느 정도 위치에 오른 다음 골프를 접하기 때문에 뛰어난 실력을 갖기가 쉽지 않다. 그런데도 감탄할 정도의 실력을 지닌 분들도 있다.

그 대표적인 분이 바로 SK그룹 손길승 회장이다. 운동 신경이 다소 둔화될 시점인 50대 초반에 골프에 입문한 손 회장은 경영에서 보여 준 집중력과 스스로를 다잡는 일일신우일신日日新又日新의 자세로 불과 2년 만에 80타 실력을 갖추었다고 한다.

반면에 그룹 오너 패밀리들은 골프를 일찍 접하기 때문인지 정말 실력 있는 분들이 많다.

나와 오랫동안 자주 라운드를 하고 있는 경영자 중에 로우 핸디 싱글 골퍼이면서 간혹 언더 파를 치는 비앤컴퍼니 임상윤 대표, 한맥CC 임기주 회장, 고려신용정보 윤의국 회장 등이 있다. 이분들의 공통점은 자기관리가 철저하고 매우 열정적인데, 짧은 기간에 사세를 확장해 나가는 신중한 모습과 그 열정을 골프를 함께 치면서 배우고 있다.

한편 LG그룹에서는 고 구본무 회장이 유명하다. 구 회장은 그룹에서 운영하는 곤지암 컨트리클럽에서 골프를 치는데, 실력은 '핸디 7' 정도라고 알려져 있다. 그분은 골프 매너와 함께 골프공이 벙커 등에 빠지는 위기 상황을 어떻게 극복하는지를 살피기 위해 임원 승진이나 중요 직책에 사람을 택할 때 함께 라운드 하는 것으로 유명하다. 아마도 골프와 경영에 대한 공통점을 꿰뚫고 있기 때문이 아니었을까.

그리고 지금 경영에 어려움을 겪고 있는 금호그룹 박삼구 회장도 숨은 최고수 중의 한 분이다. 한때 한국프로골프협회KPGA 회장을 맡기도 한 박 회장은 '골프 전도사'란 별명이 있을 정도로 골프를 좋아했다. 박 회장은 2004년 세계 최고의 골퍼 타이거 우즈와 동반 라운드를 해 골퍼들 사이에 부러움의 대상이 되기도 했고, '천만 달러의 소녀'라고 불리던 미셸 위와도 라운드를 했다. 평소에도 '핸디캡 2' 실력을 유지할 정도라니 최고수로 불릴 만하다.

언젠가 한국CEO포럼에서 발간하는 경영 전문지 《엑설런스》에서 국내 100대 기업매출액 기준 CEO를 대상으로 골프 실력을 조사한 기사를 보았다. 한국 주요 대기업 최고경영자들의 평균 골프 실력은 '핸디캡 14'로 아마추어로는 수준급 실력이라고 하는데, 골프를 잘 치는 경영인이 기업 운영도 잘하는 이유는 크게 5가지라고 한다.

1) 골프와 기업 경영의 본질적인 속성은 경쟁이다. 따라서 골프를 잘 치는 CEO는 경쟁을 즐길 줄 알고 이는 자연스럽게 경쟁사와의 경쟁에서 어떻게 접근해야 할지를 알기 때문이다. 경쟁은 성장을 동반하는 필수 요소라고 볼 수 있다.

2) 스트레스는 만병의 근원이며, 이는 반드시 의사 결정에 지대한 영향을 미친다. 그런데 골프는 스트레스를 해소하기에 매우 좋은 처방전이다. 자연과의 교감은 라운드 참여자들에게 힐링을 주고, 경영 골퍼들에게 기분을 전환시켜 주는 아주 좋은 치료제다. 이는 자연스럽게 기업 실적에 있어 스트레스로 인한 오류를 줄일 수 있는 좋은 요소가 될 수 있다.

3) 골프는 겸손하고 정직한 스포츠다. 자신의 실력과 그날의 컨디션을 있는 그대로 보여 주므로, 이는 기업을 경영하는 데 영향을 주어 불안정한 시기에도 잘할 수 있도록 도와준다.

4) 골프 라운드는 동반자와 함께 적어도 5시간 정도는 소요된다. 짧다면 짧고 길다면 긴 시간이다. 이 시간 동안 동반자들과의 자연스런 교감과 비즈니스 커뮤니케이션에 대한 주제를 이어갈 수 있다. 1분 1초를 수많은 회의와 미팅 속에서 살아가는 리더들이라면 정말로 긴 시간을 할애하는 정보 교환과 교류의 장이기도 하기에, 이는 기업 경영의 중요한 네트워크라는 인프라 구축에 큰 힘을 발휘하게 된다.

5) 적어도 5시간이 소요되는 골프 라운드는 해당 시간에 대신 업무를 수행할 플랜 B가 가동된다. 이는 기업의 위기 상황에 대한 대비 훈련이 될 뿐더러, 비상 상황에 대한 대처능력을 키울 수 있는 기회를 제공하는 것이다.

〈월간잡지 골프다이제스트〉, 론 카스프리스크, 골프다이제스트 편집부, 김해천 옮김, 싸이프레스

〈김해천의 골프빅북〉, 김해천, 싸이프레스

〈경영관리〉, 강하원, 밥북출판사

〈중국식 경영관리〉, 왕밍저, 전채현 옮김, 한솜미디어

〈마케팅 전략 72계〉, 이정학, 백산출판사

〈판단과 결정〉, 김정섭 옮김, 경문사

〈그림으로 쉽게 배우는 유통마케팅 기본상식〉, 오세조, 박진용, 중앙경제평론사

〈경쟁우위 마케팅전략〉, 한상만, 하영원, 장대련, (주)박영사

〈마케팅조사론〉, 이훈영, 도서출판 청람

〈현대조직관리〉, 유종해, 이덕로, (주)박영사

〈마키아벨리 군주론〉, 니콜로 마키아벨리, 인간사랑

〈잭 웰치의 마지막 강의〉, 잭 웰치, 수지 웰치, 강주헌 옮김, 알프레드

〈전략의 역사〉, 이경식 옮김, 비즈니스북스

〈존 맥스웰 리더십 불변의 법칙〉, 존 맥스웰, 비즈니스북스

〈성과 향상을 위한 코칭 리더십〉, 존 휘트모어, 김영사

〈군주의 거울 카루스의 교육〉, 김상곤, 21세기북스

〈전략적 인적자원관리〉, 양혁승, 이학종, 오래출판

〈명상록〉, 마르쿠스 아우렐리우스, 도서출판 숲

〈프로페셔날의 조건〉, 피터 F 드러커, 청림출판

〈경영은 전쟁이다〉, 고야마 노보루, 박현미 옮김, 흐름출판

〈사장이 알아야 할 모든 것〉, 제이골드, 오승훈 옮김, 글로세움

〈경영의사결정론〉, 길종구, 탑북스

관련 블로그 사이트 및 유튜브 동영상 계정

관련 블로그 사이트 : https://blog.naver.com/kslee9293

유튜브 : 이국섭의 작은기업 사장의 도서관